ISBN : 978-2-494458-00-0

Dépôt légal : Octobre 2022

Cora-Line Marchiani

VAINCRE LE BURN-OUT PARENTAL

Un guide pratique pour les parents épuisés qui veulent retrouver énergie et sérénité

TABLE DES MATIÈRES

Introduction *1*

PARTIE 1 : VOUS AVEZ DIT « BURN-OUT » ? 3

1. Qu'est-ce que le burn-out ? ***5***

2. Quels sont les symptômes du burn-out ? 7

A. L'épuisement 8

B. La distanciation émotionnelle 11

C. Une diminution du sentiment d'accomplissement/une perte d'épanouissement 11

3. Pourquoi il est important de réagir rapidement ***13***

PARTIE 2 : COMPRENDRE POUR MIEUX EN SORTIR 17

1. Le burn-out parental : un mal de notre époque ***19***

A. L'évolution de la considération de l'enfant 20

B. La parentalité comme sujet de société 20

C. Le choix d'avoir un enfant 20

D. Un modèle inatteignable de perfection 21

E. L'accomplissement personnel comme figure de proue 22

2. La mécanique du burn-out ***25***

A. Surinvestissement 25

B. Sacrifice de soi 32

C. Frustration 32

D. L'épuisement 35

E. Le triptyque du burn-out 35

3. Les facteurs de risque et de protection..........39

PARTIE 3 : ARRÊTER LA CHUTE ET REMONTER LA PENTE ***47***

1. S'en sortir, comment ? 49

2. Les grands principes..........53

2.1 Diminuer le stress 53

A. Hacker le processus du stress 53

1. Limiter les stresseurs : se réorganiser 54

2. Entraîner son cerveau 61

3. Agir sur les manifestations corporelles du stress 64

B. Repenser nos paradigmes 65

1. La parentalité 66

2. Le perfectionnisme 69

C. Émotions et communication : une approche assainie..........70

2.2 Récupérer physiquement 72

A. Le sommeil 73

B. L'alimentation 74

C. Gérer son niveau d'énergie.. 75

3. Les outils... 79

A. Activité physique 79

B. Suivi psychologique..80

C. Groupes de parole 81

D. Gestion de l'entourage 82

E. Retrouver du bonheur en famille.................................... 84

1. La relation avec le conjoint..84

2. La relation avec ses enfants..86

F. Réaménager son intérieur..88

4. Prévenir les rechutes 91

Conclusion...93

Remerciements..95

INTRODUCTION

« Être parent est l'un des emplois les plus difficiles sur Terre. »
Jennifer Aniston

Longtemps, mes semaines ont commencé les mardis. Les mardis à 10 heures plus précisément, le temps de me remettre des épreuves successives qu'avaient été la nuit hachée, la préparation de ma fille récalcitrante, puis l'aller-retour dans les bouchons jusqu'à l'école maternelle.

Les lundis aussi il y avait école, mais ces jours-là passaient comme dans un brouillard. Entre deux tâches pour le foyer, j'essayais de récupérer de l'épuisement dans lequel m'avait plongé le week-end, passé intégralement avec mon enfant.

Ce ne sont donc que les mardis que je commençais un peu à revivre et malheureusement j'étais alors grignotée par le stress à l'idée qu'à 16 heures pétantes il me faudrait être à nouveau devant les grilles de l'école, ponctuelle et prête à gérer seule la fin d'après-midi, la soirée et la journée du lendemain où ma fille me solliciterait avec une litanie de «maman, maman, maman !» de 7 h à 21 h. Ne nourrissez pas d'illusion : 21 h n'était pas l'heure à laquelle elle s'endormait, mais celle où son père rentrait du travail et pouvait enfin me relayer.

Les jeudis et vendredi, je recommençais comme les lundis et mardis : une journée de rétablissement puis une demi-journée de vie.

J'avais beau être en congé parental et ne pas avoir en plus un emploi à gérer à côté, je survivais dans ce quotidien plus que je n'arrivais à le vivre. En me réveillant le matin (souvent par un choc brutal dû à mon enfant qui me sautait dessus), j'avais le ventre noué et le sentiment que le monde en attendait trop de moi. Et en vérité, c'était le cas : j'étais en plein burn-out parental.

Il m'a fallu longtemps pour le comprendre et plus encore pour réussir à m'en sortir. Quatre années au total, le temps de forger mes propres armes et mener ce qui s'est avéré être un véritable combat.

Un combat d'abord contre la culpabilité éreintante que je ressentais à l'idée de ne pas arriver à tenir un quotidien que tant de gens trouvaient simple, de ne pas parvenir à prendre du plaisir à être avec mon enfant, d'avoir autant de rancœur envers mon compagnon trop souvent absent...

Un combat contre la fatigue, contre l'incompréhension de mon entourage, contre mes propres réactions à fleur de peau qui me faisaient exploser au moindre petit stimulus.

Un combat contre les idées préconçues de certains de mes proches sur ce qu'il était convenable d'attendre de moi en tant que mère, épouse, femme et sur ce que moi-même j'estimais devoir faire pour être à la hauteur de chacun de ces rôles.

C'est une épreuve à laquelle j'ai dû faire face seule pendant les premiers temps. Personne autour de moi, que ce soit dans ma famille ou parmi les professionnels de santé, n'avait de réponse adéquate à la situation. Alors, en bonne scientifique de formation, j'ai fait des recherches. Beaucoup de recherches.

J'ai épluché toutes les sources d'information à ma disposition pendant des mois, de simples articles sur le net à la littérature spécialisée réservée aux professionnels médicaux, pour mieux comprendre ce qui m'arrivait et comment il était possible d'en sortir. Après cela, j'ai expérimenté de nombreuses choses. Certaines ont fonctionné pour moi, d'autres pas. Petit à petit, j'ai fini par trouver des solutions durables qui me correspondaient, ainsi qu'à ma famille et j'ai pu remonter la pente du burn-out.

Ce livre est l'aboutissement de mon parcours. Avec lui, je veux éviter aux parents épuisés les longs mois d'errance et de souffrance que j'ai pu connaître. Le fait de douter de soi, de ne pas comprendre ce qui nous arrive avant de voir son état de santé se détériorer fortement. Puis de devoir ensuite tâtonner pour chercher des solutions, avec la peur que la situation s'avère en fait inextricable et que le défaitisme s'installe.

Le burn-out parental est pour moi un problème de société important qui mérite d'être adressé en tant que quel. Tant que les professionnels de santé n'y seront pas convenablement formés et le public sensibilisé, il y aura toujours des parents en souffrance. C'est un combat qui devrait être mené autant de manière collective qu'individuelle. D'ici à ce que la société s'en empare, j'espère vous donner avec cet ouvrage les moyens de comprendre puis de vaincre **votre** burn-out parental.

C'est parti !

PARTIE 1
VOUS AVEZ DIT « BURN-OUT » ?

« Je suis fatiguée d'être fatiguée et de parler de combien je suis fatiguée. »

Amy Poehler

1. QU'EST-CE QUE LE BURN-OUT ?

Avant de s'attaquer à un problème, il faut bien le comprendre. Si on a beaucoup entendu le terme « burn-out » au cours des dernières décennies (généralement accolé au qualificatif « professionnel »), ce qu'on met derrière est parfois assez nébuleux.

S'agit-il d'une maladie ? De quelque chose qui n'affecte que ceux avec une forme de « faiblesse psychologique » ? Est-ce la même chose qu'une dépression ? Peut-on s'en remettre avec un simple effort de volonté ?

Lorsqu'on est pas familier du sujet, il est normal de se poser ces questions.

Lors de mes recherches, je me suis aperçue que les spécialistes avaient tous leur propre définition du burn-out. Leurs points de vue divergent régulièrement sur certaines considérations liées à cet état : d'aucuns considèrent que le burn-out est un syndrome associé à un processus qu'il faut appréhender dans son ensemble, tandis que d'autres n'emploient ce terme que pour la phase la plus grave de celui-ci. Certains affirment qu'il est à réserver au monde du travail (un burn-out étant forcément professionnel à leurs yeux), d'autres militent pour la reconnaissance du fait qu'il peut avoir lieu dans n'importe quelle sphère de la vie de l'individu. Je vous livre ici une définition qui correspond à ce sur quoi tous ces spécialistes s'accordent :

Un burn-out est un processus de dégradation de la santé d'un individu causé par un stress chronique auquel l'individu est soumis sur une longue période. Ce stress chronique empêche l'organisme de récupérer, ce qui cause un ***épuisement physique, mental et émotionnel****.*

Ces notions de stress chronique et d'épuisement progressif sont les deux grandes dimensions inaliénables de la définition du burn-out. Les capacités d'adaptation de l'individu, visant à permettre à l'organisme de retrouver l'équilibre suite à un évènement stressant, sont dépassées car constamment sollicitées et celui-ci brûle toutes ses ressources jusqu'à épuisement total. Quant à ce qu'on considère comme un épuisement, certains spécialistes réservent ce terme pour les états les plus graves : ceux où l'individu a « craqué » (que ce soit physiquement ou psychologiquement) et dont l'état nécessite une hospitalisation. En revanche, d'autres vont considérer que dès que la personne n'arrive plus à se reposer (c'est-à-dire à reconstituer ses réserves d'énergie) et commence à manifester certains symptômes (que nous verrons juste après), elle est déjà en processus de burn-out.

Au final, ce n'est qu'une question de terminologie, car tout le monde s'accorde quant au fait qu'il y a bien plusieurs phases dans ce syndrome : un début où l'individu encaisse et tient bon malgré l'accumulation des facteurs de stress, puis une dégringolade progressive de l'état de santé à mesure que ses capacités d'adaptation sont submergées. De même, l'origine des principaux facteurs de stress (travail ou parentalité) ne devrait pas, de mon point de vue, conditionner l'emploi de ce terme car les conséquences et mécanismes qui interviennent dans les deux cas sont similaires. Je considère, pour ma part, que le burn-out recouvre l'ensemble du processus et qu'il est tout à fait possible d'en faire un dans les différentes sphères de sa vie. Tout est de toute manière intriqué, nous le verrons dans la deuxième partie de ce livre.

Où que vous en soyez sur la pente du burn-out, vous êtes en souffrance donc vous avez le droit de vous faire aider. Il serait dommage de vous dire que parce que votre corps ou votre esprit n'a pas encore totalement lâché, vous pouvez continuer à encaisser ou n'êtes pas légitime à consulter un professionnel ou à demander de l'aide. C'est au contraire avant d'en arriver à être hospitalisé qu'il faut agir pour remédier à la situation et éviter le pire. Pour cela, il est important de ne pas négliger certains signes révélateurs de son état de santé.

2. Quels sont les symptômes du burn-out ?

Il n'existe pas une liste unique et précise de symptômes associés au burn-out, mais tout un panel. Il n'est pas nécessaire de tous les présenter pour être en burn-out : cet état de mal-être et de fatigue se manifeste différemment selon chaque individu. Toutefois, on s'accorde à dire que les signaux révélateurs d'un burn-out peuvent être rassemblés en trois catégories. À partir du moment où l'on constate des symptômes issus de 2 de ces 3 catégories, cela peut indiquer un burn-out. Ces catégories sont :

- L'épuisement (physique, intellectuel, émotionnel)
- La distanciation émotionnelle
- Une diminution du sentiment d'accomplissement/une perte d'épanouissement

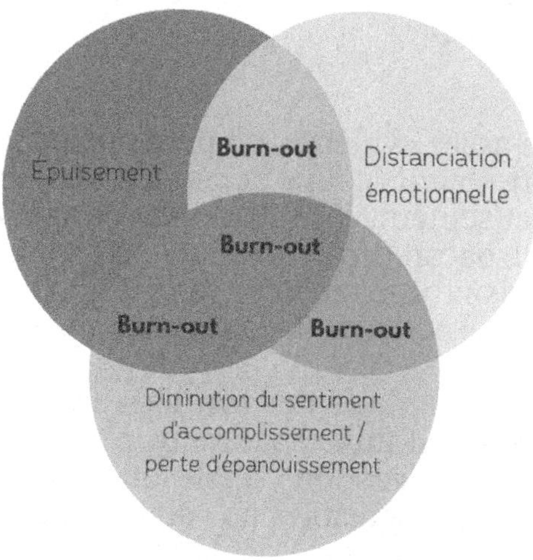

Le tryptique du burn-out

Chaque personne est unique et présentera des symptômes différents en fonction de sa personnalité et de son histoire propre. Il n'existe donc pas un burn-out type mais une pluralité de burn-outs, aussi singuliers que nous. Voyons à présent comment ces symptômes peuvent se manifester concrètement.

A. L'épuisement

Le stress chronique a des répercussions différentes sur chaque individu. Des dérèglements nerveux et hormonaux sont toutefois communs, car le stress, qu'il soit aigu (c'est-à-dire lié à un évènement ponctuel) ou chronique (récurrent, entretenu par exemple par des ruminations ou des évènements successifs) entraîne la production d'hormones qui ont un impact direct sur le corps et notamment le cerveau.

Si la manière d'appréhender un évènement (et donc de le percevoir comme quelque chose de stressant) dépend bien de notre vécu et de notre état d'esprit, les conséquences du stress, en revanche, sont belles et bien physiologiques. Le burn-out n'est donc pas « dans la tête » et il ne suffit pas d'un simple effort de volonté, lorsque le processus est bien engagé, pour se remettre des maux qu'il engendre. Et encore moins en un claquement de doigts.

L'épuisement peut se manifester sur trois plans :

<u>Physique :</u>

De manière assez évidente, on pourra constater un manque d'énergie et de fréquents coups de pompe pendant la journée.

Plus insidieusement, il pourra aussi s'agir de douleurs de tous types (courbatures ou douleurs articulaires liées à des postures de crispation, maux de tête, de ventre...). Les personnes atteintes de burn-out se sentent parfois « comme des petits vieux ».

Peuvent s'ajouter à cela des troubles du sommeil (difficulté à s'endormir, sommeil non réparateur, réveils nocturnes...), de l'appétit et de la digestion (l'estomac, notre « deuxième cerveau » est très sensible au stress), des vertiges, des palpitations, de la fatigue oculaire (ou des troubles de l'accommodation), une augmentation de la tension artérielle, des acouphènes, une sensibilité accrue à la douleur, des fourmillements dans les extrémités ou l'apparition de problèmes dermatologiques tels que l'eczéma.

Il peut aussi y avoir des signes annonçant une fragilité du système immunitaire. En effet, lorsque les réserves physiques sont épuisées, il fonctionne moins bien. La personne peut alors tomber plus souvent malade et plus longtemps. Attraper à répétitions des rhumes qui peinent à passer ou commencer à déclarer des allergies qu'elle n'avait pas avant sont quelques-unes des manifestations qui peuvent lui mettre la puce à l'oreille.

Enfin, le stress chronique occasionne souvent une baisse physiologique du désir et de la libido, plus marquée et fréquente chez les femmes que les hommes.

Intellectuel :

Cela va souvent (mais pas obligatoirement) de pair avec la fatigue physique et notamment les troubles du sommeil. On peut recenser des difficultés à se concentrer, à rester attentifs ou à réfléchir ainsi que des pertes de mémoire. La personne se met à oublier des rendez-vous alors qu'auparavant elle avait rarement besoin de tout noter dans son agenda, elle se dirige vers une pièce en ayant une tâche à accomplir pour ne plus se souvenir de quoi il s'agit une fois arrivée, ou encore, elle peine à se remémorer une phrase qu'elle vient de lire, et doit reprendre un paragraphe à plusieurs reprises.

C'est la mémoire dite « de travail », celle où l'on stocke temporairement des informations (pour faire du calcul mental, élaborer un raisonnement, ou lister quelques actions à accomplir dans l'immédiat) qui est impactée. C'est comme si la « capacité cérébrale » de l'individu en burn-out se mettait à *buguer*, effaçant les informations trop rapidement, et le rendait moins vif d'esprit et mentalement désorganisé. Cela peut parfois se traduire par des troubles d'orientation dans l'espace, ou de l'élocution : il oublie la fin de sa phrase en pleine discussion.

Cette tendance à fonctionner au ralenti ou à dysfonctionner peut impacter l'estime de soi. La personne se sent alors moins efficace et, si elle ne comprend pas ce qui se passe, elle peut aussi s'ajouter un stress supplémentaire avec la crainte de ne jamais parvenir à retrouver ses capacités d'avant.

Émotionnel :

C'est souvent un des premiers signes perceptibles, avec la grande fatigue physique : se sentir émotionnellement vidé. Rien qu'à l'idée de la journée qui s'annonce, la personne est démotivée, a le sentiment qu'elle s'apprête à affronter des épreuves insurmontables, qui vont l'user jusqu'à la moelle.

Sur le plan des émotions, les individus en burn-out sont beaucoup plus sensibles et à fleur de peau. Les accès de colère et d'irritabilité sont fréquents, même pour « pas grand chose ». Chez les personnes dont la nature est plutôt calme et gentille, ce changement de comportement est l'une des choses qui sautera le plus facilement aux yeux de l'entourage, qui pourra y voir là un signe manifeste que quelque chose ne va pas.

Le contrôle sur ses émotions, de manière générale, est beaucoup plus difficile. Elles surgissent avec intensité et peuvent submerger l'individu comme des raz-de-marée.

Comme le stress nourrit le stress, la personne peut avoir tendance à voir de plus en plus le côté négatif et anxiogène des choses. Selon son tempérament et son vécu, elle peut aussi développer des troubles anxieux ou un syndrome dépressif (c'est-à-dire manifester des symptômes similaires à ceux de la dépression, sans que ça en soit forcément une. La détresse, une perte de joie de vivre, un sentiment d'à quoi bon, une envie de fuir, en sont quelques-uns).

Il convient de préciser ici un point important : un burn-out non traité peut parfois mener à une dépression mais une dépression ne mène pas à un burn-out. C'est le stress chronique qui cause le burn-out. Les deux affections sont distinctes et ne sont pas équivalentes entre elles. Le burn-out n'est pas considéré comme une affection psychiatrique et ne doit pas être confondu avec celles-ci.

Pour tenir, certains individus développent des addictions qui leur permettent de s'évader. Alcool, jeu, nourriture, shopping... les possibilités sont nombreuses et dépendent du caractère et des affinités de chacun. L'objet de l'addiction vient temporairement soulager la personne et lui évite de ressentir sa détresse. Si elle s'installe durablement, elle peut être perçue comme une véritable béquille nécessaire pour affronter les journées.

Mise en garde : Vous vous êtes peut-être reconnu dans une partie de ces symptômes, mais attention à ne pas tirer de conclusions hâtives. De nombreuses pathologies peuvent les engendrer, ils ne sont pas forcément dus à un burn-out. Avant toute pose de diagnostic, il est impératif d'éliminer les autres causes possibles en consultant un médecin et en réalisant un bilan de santé général.

B. La distanciation émotionnelle

Certains parlent de « déshumanisation de la relation », d'autres de « retrait vis-à-vis du travail » (pour le burn-out professionnel) ou de « distanciation affective vis-à-vis des enfants » (pour le burn-out parental).

L'idée reste la même : l'individu, incapable de prendre une distance physique avec les situations qui le stressent, prend une distance psychologique et émotionnelle. Dans le cadre du burn-out professionnel, les soignants peuvent ainsi dire qu'ils vont s'occuper de « numéro 37 », avec dans l'idée qu'ils traitent avec un nombre plutôt qu'avec « Madame Moissy, la femme hospitalisée dans la chambre 37 » avec laquelle ils ne parviennent plus à être en empathie.

Dans le cadre du burn-out parental, la chose est différente, car il s'agit de nos enfants. On ne peut pas être totalement déconnectés de la chair de sa chair, mais certains parents admettent se retrouver à s'occuper de leurs enfants « comme des robots ». Ils changent la couche, donnent à manger ou conduisent à l'école sans s'investir dans ces actes, ou confessent avoir du mal à entrer en lien avec leurs petits. Ils le font parce qu'il faut le faire, mais dans leur tête, ils sont ailleurs. L'épuisement les empêche de s'impliquer autant qu'ils le voudraient dans la relation.

L'apparition de pensées cyniques vis-à-vis de sa parentalité/de ses enfants peut être un symptôme révélateur de cette distanciation qu'il convient de ne pas ignorer.

C. Une diminution du sentiment d'accomplissement/une perte d'épanouissement

Ces deux facettes peuvent aller de pair, mais ce n'est pas toujours le cas.

Dans le cadre du burn-out parental, certains parents ont le sentiment de ne pas s'accomplir dans ce rôle. La situation ne se passe pas comme ils l'espéraient avec leurs enfants, ils n'ont pas l'impression d'être le père ou la mère qu'ils souhaitaient être (cela est très fréquent pour ceux qui poursuivent l'ambition d'être des « parents positifs et bienveillants en toutes circonstances ») et se dévalorisent.

Cela peut naturellement conduire à une perte d'épanouissement dans ce rôle de parent.

Celle-ci peut aussi survenir parce que l'individu a le sentiment d'être réduit à cette casquette qu'il porte, de ne plus pouvoir exister en dehors d'elle. C'est d'autant plus fréquent pour les parents en congé parental. Certaines mères témoignent de l'impression de ne plus pouvoir être des personnes, de n'être plus que des « mamans ». Condamnées à devoir ne s'occuper que de leurs enfants, à ne plus pouvoir discuter que de maternité, d'allaitement ou de plannings scolaires, elles étouffent.

À force, les parents peuvent vouloir rejeter ce rôle, en s'y investissant moins. Ce qui peut, dès lors, conduire au sentiment d'être un moins bon parent... et la boucle est bouclée.

3. POURQUOI IL EST IMPORTANT DE RÉAGIR RAPIDEMENT

Nous venons de le voir, la liste des symptômes directs du burn-out est longue. L'individu est en souffrance et celle-ci devrait déjà constituer une raison suffisante pour le motiver à trouver des solutions au plus vite, même si l'idée d'apporter des changements à sa vie ou de demander de l'aide lui est difficile.

Malgré tout, de nombreuses personnes continuent à avancer un peu plus chaque jour sur la pente du burn-out. Certaines parce qu'elles n'ont pas conscience de l'engrenage dans lequel elles sont prises, d'autres parce qu'elles se sentent trop épuisées pour mettre en place des actions pour s'en sortir ou ne voient pas quoi faire pour remédier à la situation. Si vous êtes concerné, les prochains chapitres de ce livre devraient vous être particulièrement bénéfiques, car nous y verrons plusieurs pistes qui, je l'espère, vous permettront de vous sentir moins désemparé.

Mais il y a aussi des personnes qui n'agissent pas car elles pensent que la situation n'est que temporaire, qu'elles pourront tenir jusqu'à une date, plus ou moins proche, à laquelle elles espèrent que tout ira mieux.

Les parents de jeunes enfants peuvent ainsi se répéter comme un mantra rassurant qu'ils n'ont que quelques années à tenir avant que leur bambin ne soit enfin capable de se montrer raisonnable, ou avant d'avoir les finances pour déménager dans une maison avec jardin et quitter leur appartement exigu où les conditions de vie sont sources de stress.

Ces croyances poussent les individus à se dépasser et puiser toujours plus dans leurs réserves, comme si elles étaient infinies. Il n'en est rien. Il convient de ne pas surestimer ses capacités d'encaissement ou sous-estimer les dégâts que le burn-out peut causer s'il perdure dans le temps. Il doit certainement exister quelques individus qui ont pu sortir du burn-out lorsqu'un évènement extérieur est venu significativement améliorer leurs conditions de vie. Mais connaissant les risques encourus, pensez-vous vraiment que cela vaille le coup de tenter le diable ?

Dans le monde professionnel, il est reconnu que le burn-out a conduit des gens au suicide. Constat glaçant, une étude menée en 2018 par V. Huguenotte et D.Truchot a révélé que le burn-out des soignants qui officient auprès des personnes âgées en EHPAD quadruple le risque de négligence et quintuple le risque de maltraitance. Bien qu'aucune étude ne porte sur les parents en burn-out, de nombreux témoignages de parents épuisés laissent à penser que ces risques augmentent bel et bien avec la dégradation de leur état de santé. Les envies de démissionner de son rôle pour laisser son enfant se débrouiller, ou les pensées violentes d'un parent à bout de nerfs à l'égard de son enfant qui hurle lors d'une énième crise ne sont pas rares et se multiplient avec la progression du burn-out. Certes, il y a une grande différence entre avoir des pensées et passer à l'acte, et les relations d'un professionnel avec un patient sont différentes de celles qui nous unissent à nos enfants. Cela reste toutefois un signal à ne pas négliger.

Sans aller jusqu'à de telles extrémités, le burn-out peut aussi avoir des conséquences délétères sur l'entourage et les relations. Le conjoint et les enfants notamment sont les plus exposés.

Quand un membre du foyer développe une addiction, se montre distant, agressif ou a des réactions émotionnelles disproportionnées au moindre évènement bénin pendant des semaines, des mois, voire des années, il est malheureusement logique que tout le monde en pâtisse. Les conjoints ont plus de risques de développer à leur tour un burn-out et les enfants, insécurisés par la situation du ou des parents, peuvent eux-mêmes développer des troubles du comportement, qui seront autant de stresseurs supplémentaires pour la famille.

Les relations se dégradent, notamment celles du couple. Les disputes fréquentes fragilisent un lien que l'irritabilité, le désir d'évasion et la baisse de la libido n'aident pas à reconstruire. Des séparations peuvent en découler et cela est d'autant plus dommage que les partenaires avaient, l'un pour l'autre, une affection profonde et une complicité que l'épuisement leur a fait perdre de vue.

Le burn-out peut donc avoir des effets dévastateurs mais, aussi épuisés que nous puissions être lorsqu'il nous affecte, cela ne nous déresponsabilise pas pour autant. Nous avons le devoir de trouver des solutions pour aller mieux : un devoir envers nous-mêmes, mais aussi nos enfants et nos conjoints, car leur bien-être aussi est en jeu.

La première étape pour enrayer l'engrenage est déjà de comprendre comment il fonctionne et comment on s'est retrouvé pris dedans. C'est l'objectif de la partie suivante.

PARTIE 2
COMPRENDRE POUR MIEUX EN SORTIR

« Nous sommes une nation de parents stressés et épuisés qui élèvent des enfants surbookés. »

Brené Brown

1. Le burn-out parental : un mal de notre époque

Le terme burn-out est relativement récent. Il est apparu dans les années 1970, d'abord en contexte professionnel et pour le travail bénévole. Vingt ans plus tard, dans les années 1990, il a commencé à s'étendre à la sphère familiale. Les chercheurs s'intéressaient alors aux situations des parents d'enfants souffrant de maladies chroniques ou porteurs de handicap, et à eux exclusivement. Il a fallu attendre le XXIème siècle pour qu'on se penche sur l'épuisement de l'ensemble des parents et que l'on reconnaisse que le burn-out pouvait toucher n'importe lesquels d'entre eux.

De manière générale, les gens s'intéressent de plus en plus au sujet du surmenage. Est-ce parce qu'il touche plus de monde que par le passé ? On ne peut que le supposer, étant donné qu'on ignore ce qu'il en était avant que le sujet ne soit médiatisé. En revanche, il apparaît clairement que le burn-out lié à la parentalité est, lui, en augmentation. Il suffit de voir les regards étonnés ou contrits que peuvent adresser certains grands-parents à leurs propres enfants quand ils les voient se débattre dans des difficultés éducatives. « *De mon temps, c'était plus simple. On se prenait moins la tête.* » est une phrase emblématique que nous avons tous entendue et pas forcément parce que papi et mamie ont occulté les mauvais moments et ne se souviennent que du positif. Beaucoup de choses ont évolué en l'espace d'une génération et un grand nombre de facteurs sociétaux viennent expliquer que les parents modernes ressentent plus de stress lié à leur rôle que leurs aînés.

A. L'évolution de la considération de l'enfant

Dans les siècles passés, la société était loin d'être tendre envers les femmes et les enfants. Ces derniers étaient considérés comme des objets, propriété de leurs parents, plutôt que des sujets. Avant les progrès de la médecine, la mortalité infantile restait importante et on évitait ainsi de trop s'attacher ou de se poser trop de questions quant au bonheur de sa jeune progéniture. Quand l'enfant atteignait l'âge de travailler, on l'envoyait travailler là où c'était possible sans lui demander son avis afin d'obtenir une source de revenus supplémentaires. L'idée de contrôler le destin de ses enfants jusqu'à leur majorité était tout à fait normale et il a fallu attendre 1989 pour qu'existe une convention internationale visant à reconnaître des droits aux enfants et à les protéger (la convention internationale des droits de l'enfant).

B. La parentalité comme sujet de société

À peu près à la même période, les publications concernant la parentalité se sont multipliées. Dès les années 80 en France, les livres et articles sur « comment bien élever son enfant » ont commencé à envahir les rayons des librairies, alors qu'auparavant, cela restait une problématique familiale, avec des connaissances transmises d'une génération à l'autre. Face à l'apparition de guides et à l'éclatement des familles avec l'éloignement géographique permis par l'évolution des moyens de transport, les parents ont progressivement pris l'habitude de se référer à des ouvrages comme « réceptacles de la connaissance » de leur époque. Il y avait dès lors des manières de bien faire, accessibles sur simple consultation, et qu'il convenait de suivre. Psychologiquement, cela a rajouté une pression sur les parents car si l'information sur « comment bien faire » est abondante alors, dans l'esprit de beaucoup, il n'y a plus d'excuses pour lutter dans sa parentalité.

C. Le choix d'avoir un enfant

Vient à cela se rajouter le fait que les grossesses sont de moins en moins des évènements aléatoires. La plupart des enfants sont désirés et leur arrivée presque programmée. Les légalisations de la pilule contraceptive en 1967 puis de l'avortement en 1975 ont permis aux femmes d'éviter des grossesses non désirées et les couples ont ainsi tout le loisir de réfléchir au moment le plus adéquat pour eux de fonder une famille. Cela rajoute une pression supplémentaire sur les épaules des parents, car ayant eux-mêmes choisi de mettre au monde un nouveau petit être, ils se sentent pleinement responsables de son bonheur.

D. Un modèle inatteignable de perfection

Les parents modernes ont donc particulièrement à cœur d'offrir une vie heureuse à leur progéniture. Ils tiennent absolument à ne pas reproduire des situations ou des comportements dont ils ont souffert avec leurs propres parents et n'hésitent pas à se renseigner au maximum sur les besoins des enfants. Toutefois, ils se trouvent dans une période de transition où le rôle de parent est à réinventer car le regard porté sur les enfants vient de changer. Le courant de la parentalité positive, apparu au début des années 2000, leur propose une philosophie respectueuse des droits des enfants... mais pas toujours facile à appliquer. Les sources d'informations qui visent à vulgariser ces concepts peuvent facilement faire des amalgames et laisser penser que pour être un « vrai bon parent », il faudrait être calme, posé, disponible et souriant en toutes circonstances. Un idéal hors d'atteinte en somme, mais que l'on peut croire accessible si on accorde trop de crédit à certaines publications d'influenceurs spécialisés sur les réseaux sociaux. Et sans avoir besoin de suivre des personnes en vogue : la course à l'image qui se déroule en ligne pousse chacun à mettre en avant les moments les plus valorisants de sa vie de famille, ce qui renforce le sentiment qui si les choses se passent mal chez soi, c'est qu'on ne sait pas s'y prendre... donc l'estime de soi diminue.

De plus, certains parents s'inquiètent à l'idée que leur enfant puisse développer des troubles s'ils ne parviennent pas à appliquer toutes les recommandations qu'on leur fait. D'autres se sentent observés et jugés par leur entourage ou les professionnels et, à force de ruminations anxieuses, peuvent en venir à craindre qu'on leur retirera leur enfant s'ils font le moindre pas de travers. L'idéal de perfection peut représenter à la fois une aspiration et la crainte d'un retour de bâton.

E. L'accomplissement personnel comme figure de proue

Un dernier facteur qui contribue au burn-out parental et non des moindres : notre société prône l'épanouissement individuel. On nous matraque que « quand on veut on peut », qu'il est possible de s'accomplir sur tous les plans et que si l'on n'y arrive pas, c'est que quelque part, on n'a pas vraiment essayé. On attend donc de tout un chacun qu'il prenne soin de son corps, fasse du sport, se cultive, trouve un partenaire avec qui être heureux en couple, fasse carrière professionnellement, pratique des loisirs... et s'épanouisse en tant que parent. Le tout en même temps, évidemment. Selon ce credo, après la naissance d'un enfant, chacun devrait être capable de porter à nouveau toutes ses casquettes du jour au lendemain et d'alterner avec brio les rôles de conjoint, d'employé(e), de maître(sse) de maison, d'ami(e)... Comme si l'équilibre de la vie des parents n'était pas chamboulé, les nuits hachées et la fatigue un nouveau compagnon omniprésent. Cette croyance peut leur être renvoyée par l'entourage (qui peut s'étonner qu'ils n'aient « pas encore repris leur rythme d'avant ») mais aussi par les parents eux-mêmes. Parfois, l'individu tient absolument à continuer de s'investir au maximum dans un certain nombre d'activités (professionnelles ou personnelles) trop chronophages ou énergivores au regard de son agenda et de ses contraintes logistiques du moment. Outre un épuisement des ressources du parent, le fait de ne plus avoir autant de temps ou d'énergie à consacrer aux domaines qui lui tiennent à cœur peut engendrer de la frustration et de l'amertume.

Compte tenu de tout cela, il n'est pas étonnant que le burn-out parental soit un fléau répandu dans la société occidentale. D'après une étude de I. Roskam, M-E. Raes, et M. Mikolajczak réalisée en 2017, environ 5 % des parents seraient en burn-out en France et 8 % à risque élevé de développer ce syndrome. Statistiquement, cela veut dire qu'en moyenne dans une classe de 30 enfants, environ 4 d'entre eux ont un parent proche du burn-out, voire déjà engagé dans ce processus. Ces chiffres datant d'avant l'épidémie COVID et du contexte mondial inflationniste, particulièrement éprouvant pour les familles, il n'est pas déraisonnable de supposer qu'ils sont probablement inférieurs à la réalité d'aujourd'hui.

Retenez bien que vous n'êtes pas seuls et que l'herbe n'est pas forcément plus verte chez les autres. Même si vous vous sentez très isolés et pouvez avoir le sentiment que personne ne vous comprend, il y a plus de gens qui partagent votre désarroi que ce que vous pourriez croire.

Toutefois, si nous sommes tous soumis à de grandes pressions quant à notre réussite familiale, professionnelle et individuelle, ainsi qu'à des contraintes logistiques fortes pour organiser notre quotidien, tout le monde n'est pas affecté par le burn-out. La fatigue et le stress sont le lot commun de beaucoup d'entre nous, sans pour autant atteindre des niveaux intolérables à chaque fois. Nous allons voir dans les chapitres suivants ce qui explique qu'une personne plutôt qu'une autre est susceptible de se retrouver sur la pente du burn-out, en commençant par voir comment la plupart des gens s'y engagent et comment ce processus fonctionne.

2. LA MÉCANIQUE DU BURN-OUT

Nous avons déjà évoqué le fait que le burn-out était un processus dont le triptyque « épuisement - distanciation émotionnelle - diminution du sentiment d'accomplissement/ perte d'épanouissement » était l'aboutissement. Il n'est toutefois pas évident d'imaginer où la première étape de celui-ci va nous conduire, car elle est souvent pétrie des meilleures intentions du monde.

A. Surinvestissement

Le burn-out commence toujours par une phase de surinvestissement. Bien que pour certaines personnes ce soit quelque chose d'imposé (par des contraintes extérieures comme un patron abusivement exigeant ou la déclaration d'une maladie grave chez un enfant), pour d'autres elle est volontaire.

L'individu nourrit souvent de hautes ambitions et se fixe un niveau d'exigences élevées (même si lui-même ne les perçoit pas forcément comme telles). Dans le cadre de la parentalité, cela peut être le parent qui cherche à être parfait sur tous les plans. Il essaye d'être présent sur tous les fronts, aussi fatigant que cela puisse être pour lui.

Cette précision de « pour lui » est très importante, car le surinvestissement se définit en fonction des ressources du parent. Si je vous parle d'allaitement exclusif long et de cododo, vous me direz peut-être que pour vous, ces pratiques ne demandent pas d'effort. Pourtant, je connais des mères pour qui arrêter a été une véritable délivrance tant cela les épuisait. Tout ne se passe pas pareil dans chaque famille, en fonction de chaque enfant... et quand bien même les situations seraient égales, une même action ne coûte pas le même effort à chacun et nos réserves d'énergies diffèrent d'un individu à l'autre.

Je vais dès maintenant introduire deux métaphores que je reprendrai tout au long de ce livre pour illustrer certains propos. Celles des barres de vie et d'énergie.

Si vous avez déjà joué à des jeux vidéo, vous la connaissez peut-être car c'est une mécanique qui y est souvent employée. Votre personnage dispose de deux jauges : une de points d'énergie (qui diminue à chaque action accomplie) et une de points de vie (qui symbolise la santé et les coups que peut encaisser le personnage).

Imaginez que l'on représente ces caractéristiques pour nous, personnes réelles. Nous sommes tous différents : nos jauges d'énergie et de vie n'ont pas la même taille, et celles-ci sont plus ou moins remplies en fonction des évènements qui nous affectent.

<u>Exemples :</u>

Jeanne, énergique et dotée d'une santé de fer.
Capacité de la jauge de points de vie (PV) : 100
Capacité de la jauge de points d'énergie (PE) : 100

Raphaël, atteint d'une maladie chronique handicapante
Capacité de la jauge de points de vie (PV) : 50
Capacité de la jauge de points d'énergie (PE) : 50

Quand chacun commence sa journée en étant « bien rechargé » :

Une même action est plus ou moins coûteuse en énergie pour la personne qui la réalise. Nous connaissons au moins une personne qui nous a déjà sorti quelque chose comme : « Repasser ? Moi, j'adore ça ! Je me mets un podcast en même temps et c'est presque un moment de détente. » alors que pour nous-mêmes, le repassage est une vraie tannée, podcast ou pas.

On peut, en fait, remplacer « repasser » par à peu près n'importe quelle action : de changer une couche à s'occuper de sa déclaration d'impôts. Il y aura toujours des tâches qui nous seront très coûteuses en énergie alors que d'autres les accomplissent sans sourciller et vice-versa.

Coût de 30 minutes de repassage pour Jeanne (qui déteste ça et est mal équipée) : 5 points d'énergie

Coût de 30 minutes de repassage pour Raphaël (qui adore sa centrale vapeur et le toucher des chemises encore chaudes) : 1 point d'énergie

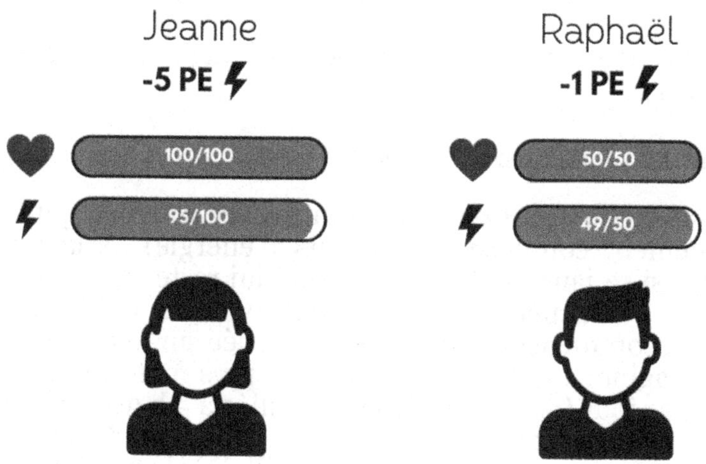

Ce qu'il faut retenir, c'est que l'on peut parfois avoir l'impression que l'individu n'a pas « grand-chose à faire » selon nos propres critères, mais que la situation peut nécessiter un investissement conséquent de sa part qui le fatigue sur la durée. Si cet investissement est trop important et vide sa jauge d'énergie plus qu'il ne parvient à la remplir, c'est là que l'on parle de surinvestissement.

L'individu qui s'engage sur la pente du burn-out dépense énormément d'énergie et finit ses journées avec le sentiment d'être vidé. À noter que cela peut arriver à tout le monde d'avoir des périodes intenses ponctuellement. Mais si cela n'a pas vocation à se répéter sur la durée, il n'y a pas de conséquences autres qu'une fatigue passagère car la personne récupère assez rapidement de cet investissement exceptionnel.

Dans le cadre du burn-out, le processus rend la récupération de moins en moins efficace, de moins en moins suffisante. Le stress chronique altère la qualité du sommeil qui n'est plus aussi réparateur qu'avant. Et tandis que l'individu devient plus irritable, les interactions du quotidien lui sont plus coûteuses en énergie. Il lui faut en effet en dépenser régulièrement, que ce soit pour se retenir d'exploser, ou lors des ruminations qui peuvent s'inviter après coup dans son esprit.

Les effets néfastes de ce surinvestissement peuvent se voir rapidement sur la santé, en quelques semaines. Mais le processus peut aussi s'étaler sur de nombreuses années en fonction des capacités de la personne et de sa situation.

Reprenons Jeanne et Raphaël, et imaginons les situations suivantes :

Cas 1 : Épuisement rapide des ressources

Jeanne s'investit dans de nombreuses activités qui lui sont extrêmement coûteuses (85 points d'énergie). À la fin de la journée, si sa jauge a débuté à 100, il lui reste 15 points. Si elle parvient à récupérer suffisamment pour le lendemain, elle pourra recommencer une nouvelle journée sur le même modèle. Mais imaginons qu'elle ne parvienne plus à récupérer que 65 points par jour (parce qu'elle est réveillée à 5 h 30 du matin par des travaux par exemple, au lieu de 7 h, et ne met rien en place pour compenser son déficit de sommeil). Dès le 2nd jour, elle n'a plus que 80 points dans sa jauge au lieu des 85 nécessaires à ses aspirations. Si elle ne réduit pas ses tâches quotidiennes, il lui manquera toujours 5 points d'énergie pour accomplir ce qu'elle a prévu. Sa jauge d'énergie finira à 0, et il lui faudra récupérer les 5 points manquants... en piochant dans sa jauge de santé. Et le lendemain, ce ne seront plus 5 points qu'elle devra piocher mais 20. Sa jauge de santé diminue à grande vitesse.

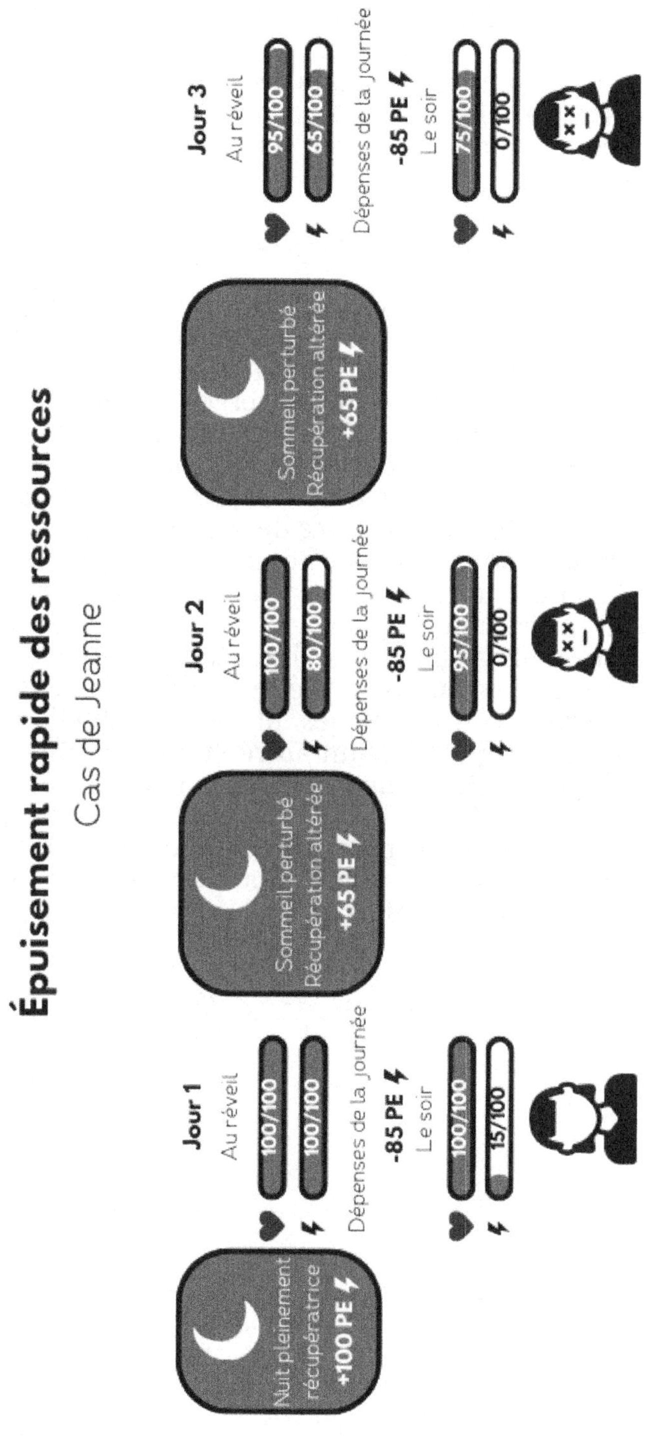
Épuisement rapide des ressources
Cas de Jeanne
Nuit pleinement récupératrice
+100 PE
Jour 1
Au réveil
100/100
100/100
Dépenses de la journée
-85 PE
Le soir
100/100
15/100
Sommeil perturbé
Récupération altérée
+65 PE
Jour 2
Au réveil
100/100
80/100
Dépenses de la journée
-85 PE
Le soir
95/100
0/100
Sommeil perturbé
Récupération altérée
+65 PE
Jour 3
Au réveil
95/100
65/100
Dépenses de la journée
-85 PE
Le soir
75/100
0/100

La jauge de santé ne se rétablit pas du jour au lendemain. Dans les jeux vidéo, il faut souvent boire une « potion de soin magique » pour retrouver ses points de vie perdus. Dans la vraie vie, cela n'existe pas. Jeanne entame donc sa réserve de PV... et les répercussions sur sa santé vont se faire sentir très rapidement.

Cas 2 : Épuisement lent des ressources

Raphaël a conscience que son état de santé l'oblige à faire attention : le moindre imprévu à surmonter (comme un problème dans les transports en commun qui l'obligerait à faire un détour) peut lui être très coûteux énergétiquement parlant et il sait qu'il récupère difficilement (50 points d'énergie par jour max). Il est donc précautionneux et ne se charge pas trop dans ses tâches quotidiennes (dépenses de 40 points d'énergie par jour). Toutefois, suite à la naissance de son enfant, de nouveaux facteurs de stress apparaissent et de nouvelles tâches viennent se rajouter à son agenda (dépenses de 48 points d'énergie). Dès lors, Raphaël fonctionne presque en flux tendu. Le moindre imprévu peut venir grignoter sa fine réserve d'énergie. Tant qu'aucun problème majeur ne se présente, Raphaël tient, même s'il finit ses journées sur les rotules. Mais si ponctuellement un évènement plus énergivore qu'un autre survient ou si quelque chose altère la récupération de Raphaël, sa réserve d'énergie se fait grignoter... il se retrouve alors à dépenser sa santé, dans un processus qui pourra durer plus ou moins longtemps (selon la fréquence de survenue des éléments perturbateurs et leur importance) avant que ses effets ne soient clairement visibles.

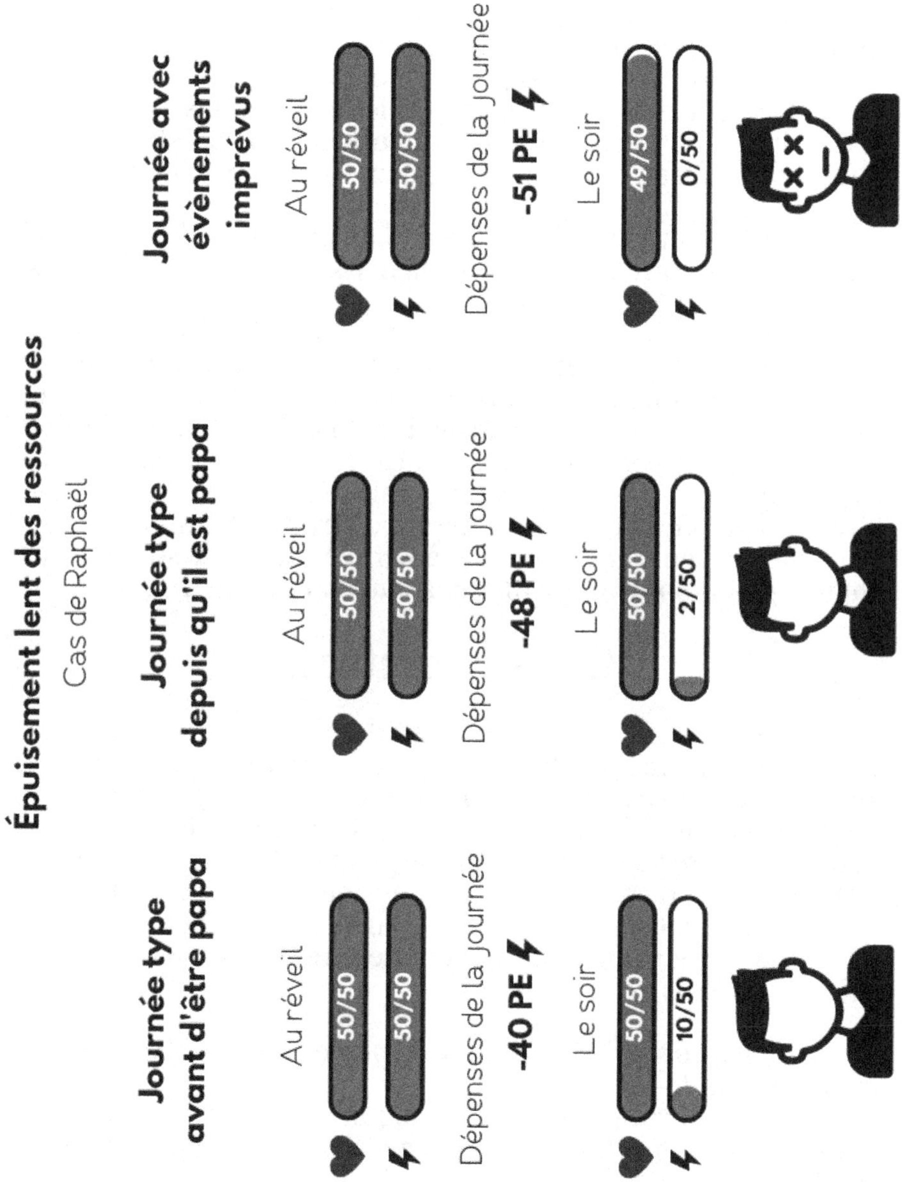
Épuisement lent des ressources
Cas de Raphaël
Journée type avant d'être papa
Au réveil
50/50
50/50
Dépenses de la journée
-40 PE
Le soir
50/50
10/50
Journée type depuis qu'il est papa
Au réveil
50/50
50/50
Dépenses de la journée
-48 PE
Le soir
50/50
2/50
Journée avec évènements imprévus
Au réveil
50/50
50/50
Dépenses de la journée
-51 PE
Le soir
49/50
0/50

B. Sacrifice de soi

Le surinvestissement va de pair avec le sacrifice de soi. Dans le cas du burn-out parental, le parent va occulter ses limites et négliger ses besoins afin de pouvoir continuer à donner son maximum pour ses enfants.

Je ne compte plus le nombre de mères dans mon entourage qui ont connu des périodes de plusieurs semaines où elles ne prenaient qu'un repas par jour et qu'une douche hebdomadaire, tant le fait d'être seule pour s'occuper d'un nouveau-né ne leur laissait aucun répit.

Ou les copines en congé parental qui souffrent d'un profond sentiment de solitude, car depuis la naissance de leurs bambins, elles ne voient plus ni amis ni collègues.

Quand cela se cumule sur plusieurs plans (négation de ses besoins émotionnels, physiques et sociaux) c'est en fait symptomatique : le parent s'investit à fond dans son rôle et finit par s'y faire happer tout entier. La casquette de « parent » qu'il porte finit par le définir intégralement et il peut avoir l'impression, au bout d'un moment, d'être condamné à ne plus pouvoir redevenir une personne à part entière. Si la situation ne change pas, il pourra basculer dans un état de frustration.

C. Frustration

Lorsque l'individu atteint ce stade, il va commencer à être de moins en moins satisfait de sa situation. S'il pouvait auparavant s'investir sans broncher et faire preuve d'une abnégation sans faille, à ce niveau la coquille commence à craqueler. Parce qu'il n'obtient pas les résultats escomptés, ou au prix de trop d'efforts, il pourra développer du ressentiment et de l'amertume. Contre lui-même, contre ses proches, ou contre le monde entier selon ce qu'il identifie comme le ou les obstacles principaux à ses aspirations.

« Je n'y arrive pas. Je ne fais pas assez attention, je suis vraiment nul ! »

« Mon mari a encore oublié de faire la vaisselle alors qu'il avait dit qu'il s'en chargerait, je ne peux vraiment pas compter sur lui, c'est un boulet ! »

« C'est la sixième fois que la petite m'interrompt pour me demander de venir habiller ses poupées... elle ne peut pas se

débrouiller, bon sang ? Le repas ne sera jamais prêt à l'heure à ce rythme ! »

« La demande de place en crèche a encore été refusée, c'était mon dernier espoir... Comment je vais faire avec le petit dernier et le boulot qui doit reprendre ? Si seulement mon employeur avait bien voulu réserver un berceau, que les nounous n'étaient pas si chères, ou si la mairie avait ouvert une nouvelle structure... la société nous pousse à retourner rapidement au travail, mais les moyens mis en place pour le permettre sont insuffisants, j'en ai marre ! »

Les pensées de ce type se multiplient, rendant évidemment plus difficile d'accomplir sa routine quotidienne, alors qu'une part de plus en plus importante des tâches qui la compose devient source de ruminations énergivores.

Exemple :

Jeanne aide son fils à faire ses devoirs de français tous les soirs. Elle aime bien cette matière à la base, l'action lui coûte 1 en énergie.

Mais les notes de son fils se sont dégradées. Jeanne s'est donné la mission de les faire remonter et s'est encore plus investie malgré les réticences de son fils. Les leçons du soir sont devenues comme un combat, beaucoup plus énergivores pour eux (coût de 3 en énergie pour Jeanne).

Malgré un mois de révisions intensives, les notes ont encore chuté aux contrôles suivants. Jeanne veut continuer d'aider son fils, mais la frustration de voir que son implication ne paye pas rend la tâche plus ingrate pour elle. Chaque jour, avant de s'atteler aux devoirs, elle est prise de ruminations contre lesquelles elle doit lutter afin de pouvoir se concentrer (coût de 1 en énergie).

Entre le début de l'année scolaire et le milieu de celle-ci, le coût énergétique de l'aide aux devoirs pour Jeanne a été multiplié par 4 (3 pour les devoirs eux-mêmes + 1 pour les ruminations).

Effet de la frustration

Jeanne et les devoirs de français

Au début de l'année

Travail avec son fils **-1 PE** ⚡

Après quelques semaines sans résultats

Travail avec son fils **-3 PE** ⚡

Après 1 mois d'engagement intensif sans résultats

Travail avec son fils **-3 PE** ⚡

\+ Ruminations **-1 PE** ⚡

Coût énergétique des devoirs **-4 PE** ⚡

> Entre le début et le milieu d'année, le coût énergétique des devoirs a été <u>multiplié par 4</u> à cause de la frustration

D. L'épuisement

La frustration et l'amertume étant énergivores, l'individu finit naturellement par avoir des « coups de mou ». Il prend conscience des sacrifices qu'il a effectués (et continue d'effectuer) alors qu'un écart significatif demeure entre ses aspirations et la réalité. Sa motivation pour atteindre ses rêves lui conférait de l'énergie, mais il voit désormais qu'il ne peut pas les atteindre et cette phase de deuil va de pair avec une chute de son potentiel d'action.

C'est là que l'entourage commence généralement à percevoir que quelque chose ne va pas car les symptômes de la fatigue affectent la qualité de vie. La personne devient plus irritable et les tâches du quotidien ne sont plus parfaitement effectuées. Des conflits peuvent éclater pour un rien et des erreurs d'inattention se produisent plus fréquemment, alors que le parent a plus de mal à se concentrer ou à réfléchir.

Si l'épuisement ne s'accompagne pas d'au moins un des deux autres symptômes dont nous avons parlé au chapitre 1 (distanciation émotionnelle et diminution du sentiment d'accomplissement/perte d'épanouissement), la phase finale du burn-out n'est pas encore atteinte. Elle n'est toutefois vraiment pas loin et il est impératif que l'entourage et la personne prennent des mesures significatives pour éviter un glissement vers cet état de profond mal-être.

E. Le triptyque du burn-out

Comme nous l'avons vu précédemment, il est possible de ne développer que 2 des 3 aspects du triptyque pour être considéré comme étant en burn-out. Cela peut aussi être les trois. Ce qui se manifeste dépend de l'individu et de sa situation.

Quand on en est au stade du burn-out, l'épuisement est tel que la personne commence ses journées avec le sentiment d'être vidée. Elle peut développer des angoisses à l'idée de tout ce qui l'attend dans sa journée ou se demander comment elle va survivre à ce qui l'attend.

Dans ma métaphore des barres de PV et PE, la jauge d'énergie de la personne épuisée ne se recharge plus, ou très peu, et ce parce qu'elle a déjà tellement entamé ses points de vie que sa capacité de régénération quotidienne en a été affectée.

Exemple de la mécanique de l'épuisement avec Jeanne :

Au début, Jeanne était à 100/100 en santé et 100/100 en énergie à chaque début de journée.

Elle a commencé à ne plus pouvoir bien dormir à cause des travaux et a pioché dans son capital santé pour compenser. Les travaux ont cessé, mais Jeanne a drastiquement entamé son capital santé : elle n'est plus qu'à 30/100.

Le nombre de points d'énergie que Jeanne peut récupérer chaque jour dépend de l'état actuel de sa jauge de santé. Elle ne peut plus récupérer que 30 points d'énergie par jour, contre 100 quand sa jauge était à son maximum.

Impossible dès lors pour elle d'assumer un quotidien nécessitant 85 points de dépense d'énergie par jour. Tant qu'elle n'a pas récupéré de la santé, elle est limitée à 30 (ou doit encore piocher dans le peu qu'il reste à sa réserve de points de vie pour se dépasser).

Diminution des capacités de récupération

Cas de Jeanne depuis son affaiblissement

Maintenant que la mécanique du burn-out a été explicitée, vous vous interrogez peut-être à propos de votre propre situation ou celle de votre entourage. Peut-être avez-vous l'impression d'être vous-même à l'étape finale et que le glissement entre chaque étape s'est produit assez vite pour vous ? Peut-être avez-vous une amie que vous pensez être au stade de la frustration depuis des mois, mais qui résiste fièrement et ne cède pas à l'épuisement ? Vous vous demandez alors ce qui fait que vous avez « dégringolé » très vite là où d'autres résistent.

Nous avons déjà évoqué le fait que chaque individu est différent et que nous ne sommes pas tous égaux, notamment en termes de ressources énergétiques. Celles-ci ne sont toutefois pas le seul élément susceptible d'avoir une incidence sur nos chances de tomber en burn-out et à quelle vitesse. Pour les évaluer, il faut en fait considérer non seulement l'individu mais aussi son entourage et son environnement. Ceux-ci peuvent constituer soit des facteurs de risque, soit des facteurs de protection. C'est la prévalence des uns ou des autres qui va jouer sur nos capacités de résistance ou notre sensibilité au phénomène. Voyons comment.

3. Les facteurs de risque et de protection

Avant de commencer, il est important de rappeler qu'il n'existe pas de cause identifiée au burn-out. Une cause est un terme qui implique une notion de conséquence : s'il en existait une pour le burn-out cela voudrait dire que dès qu'elle est présente, l'individu en développe forcément un. Cela ne fonctionne pas ainsi : on sait que le burn-out est lié à l'exposition à un stress chronique, mais toutes les personnes exposées au stress chronique ne développent pas ce trouble. Celui-ci est soumis à la notion de facteurs de risque : plus les facteurs s'accumulent ou sont graves et plus la probabilité de développer ce trouble augmente. Mais il existe aussi des facteurs de protection qui peuvent contrebalancer ces risques et limitent les chances qu'un burn-out se déclare.

Comme nous sommes tous différents, le nombre et la nature des risques que nous pouvons supporter varient d'une personne à l'autre. On considère toutefois que si trop de risques s'accumulent sans qu'assez de choses ne viennent les compenser, la probabilité de développer un burn-out augmente significativement.

Pour identifier les facteurs de risque auxquels une personne est à la fois sensible et exposée, il suffit de trouver ce qui, dans son contexte de vie actuel, lui apporte du stress ou des difficultés à gérer le quotidien. Pour ses facteurs de protection, on cherche au contraire ce qui contribue à son bien-être ou lui facilite la vie.

Certains éléments peuvent constituer un facteur de risque pour une personne donnée mais pas pour une autre, selon la sensibilité de chacun. Par exemple : vivre en ville bétonnée peut être très stressant pour quelqu'un qui n'aspire qu'à être entouré de verdure et à ne pas croiser trop de monde dans la journée, mais ce fait ne gêne pas une personne qui apprécie ce type d'environnement. Tout dépend du tempérament de l'individu et de sa perception de l'élément en question. On peut toutefois lister plusieurs facteurs qui sont globalement des facteurs de risques ou de protection pour tous. En voici quelques-uns :

Facteurs de risques :

- avoir de graves problèmes de santé (physiques ou mentaux). Pour ne donner que quelques exemples : les personnes qui luttent contre des douleurs chroniques, suivent des traitements lourds ou doivent quotidiennement se battre contre la dépression dépensent déjà énormément d'énergie pour faire face à leurs propres problèmes, ce qui les rend plus à risques que celles qui n'ont pas ces combats à mener;
- avoir des difficultés à gérer ses émotions. La parentalité nous fait faire des montagnes russes émotionnelles et les enfants en vivent tout autant. Un parent qui ne sait pas identifier ou gérer ses émotions ne peut pas aider son enfant dans cet apprentissage et subit de plein fouet les hauts et les bas de ses propres émotions et de celles de ses bambins;
- avoir des enfants à un très jeune âge ou au contraire très tardivement. S'occuper d'un enfant quand on est soi-même adolescent ou qu'on devient grabataire est évidemment plus difficile que lorsqu'on est dans la fleur de l'âge;
- une relation conflictuelle avec son conjoint. Que cela soit lié à des désaccords majeurs sur les questions éducatives, ou à une insatisfaction dans la relation de couple, le fait d'avoir l'impression de vivre avec un adversaire prêt à nous enfoncer au lieu d'un partenaire soutenant constitue un des risques majeurs de burn-out;
- un cadre de vie insécurisant ou inadapté. Par exemple, habiter dans un quartier où l'on redoute la criminalité, dans un logement trop petit, insalubre, mal insonorisé ou mal isolé (températures extrêmement hautes ou basses en été/en hiver);
- des problèmes financiers importants. Lorsque la situation financière de la famille est préoccupante, que les parents se demandent s'ils auront de quoi conserver un toit au-dessus de leur tête et nourrir leurs enfants, le stress qu'ils subissent est évidemment conséquent;
- être sans emploi. Cela peut évidemment conduire à des problèmes financiers, mais au-delà de ça, cela prive aussi l'individu d'un entourage professionnel avec qui partager autre chose que des problématiques familiales (le fameux besoin d'être autre chose que « juste un parent »);
- le stress professionnel. Qu'il soit directement sur le lieu de travail (à cause d'une charge de travail trop lourde ou d'un

harcèlement), ou causé par une difficulté à concilier vie personnelle et vie professionnelle (temps de trajets/horaires incompatible avec un quotidien serein);

• la survenue d'évènements inattendus et traumatiques, comme un accident grave ou le décès d'un proche;

• être isolé. Un parent a besoin d'être entouré, à la fois pour remplir ses besoins sociaux mais aussi pour pouvoir passer le relais avec les enfants. Autrement, le parent se retrouve pris dans l'engrenage du « sacrifice de soi » que nous avons vu précédemment;

• un handicap, des problèmes de développement ou de santé chez l'enfant. Élever un enfant différent ou malade est particulièrement difficile et anxiogène;

• avoir un enfant « difficile » (je mets des guillemets car l'enfant en soi n'est pas difficile : c'est la gestion de ses caractéristiques qui est difficile pour le parent). Par exemple, un nouveau-né qui ne dort que trente minutes fractionnées sur la journée et ne fera jamais de « vraie sieste », ou un enfant avec un caractère extrêmement affirmé/opposé à ceux de ses parents, ce qui rend la cohabitation difficile;

• des relations tendues et insécurisantes avec les enfants ou des comportements éducatifs inadaptés (recours à la violence, punitions excessivement sévères, luttes de pouvoir en escalade pour contraindre l'enfant à obéir, inconsistance dans les règles de la maison...). Tout cela nuit autant à l'enfant qu'aux parents;

• avoir été élevé avec des valeurs individualistes (cela peut donner l'impression au parent qu'avoir un enfant est une privation insoutenable de sa propre liberté).

<u>Facteurs de protection :</u>

• être en bonne santé mentale et physique;

• avoir une bonne capacité à identifier et réguler ses émotions;

• posséder une bonne sécurité affective;

• posséder un sentiment de sécurité financière;

• apprécier son lieu de vie (ville, cadre, organisation du logement...);

• avoir une relation de couple épanouie avec un conjoint soutenant qui partage nos principes éducatifs et nous valorise en tant qu'individu et en tant que parent;

• avoir un travail épanouissant;

• tirer une grande satisfaction de sa vie de parent (relations apaisées et joyeuses avec ses enfants, être fier de les voir réussir leurs études, etc.);

• vivre régulièrement des choses positives de manière générale (dans ses relations sociales, ses loisirs...);
• que l'enfant soit en bonne santé et ne présente aucun trouble ou handicap;
• être entouré et soutenu par des personnes bienveillantes et respectueuses de notre personnalité et de nos choix de vie.

Certains éléments de ces listes vous ont peut-être particulièrement fait écho en les lisant. Même si c'est surtout du côté des risques, c'est en fait une bonne chose car apprendre à identifier ce qui, dans votre vie, vous aide ou vous fragilise est primordial pour comprendre votre situation et voir comment l'améliorer.

La lutte contre le burn-out est une question d'équilibre, de parvenir à contrebalancer les facteurs négatifs avec des choses positives, afin de cesser la descente aux enfers pour pouvoir remonter la pente.

Certains risques sont toutefois plus importants que d'autres : ceux qui sont personnels et directs. Typiquement, suivre un traitement médical lourd est un fardeau qui nous est propre et qui influence directement notre état au quotidien. Par opposition, habiter dans un logement exigu est quelque chose d'assez répandu (si l'on habite en ville du moins) qui n'est pas irrémédiablement lié à notre personne (on peut déménager) et qui n'impacte pas directement notre niveau d'énergie (c'est le temps que l'on passera dans le logement qui influera sur notre état).

<u>Exercice</u> : Votre balance des risques/protections

Je vous propose à présent de prendre un moment pour faire un point sur votre situation. Si vous pensez être en burn-out (ou proche de l'être), il est important d'identifier quels sont les risques auxquels vous êtes exposés et les protections dont vous bénéficiez afin de pouvoir mettre en place des actions pour vous en sortir. Il faut mettre le doigt sur les facteurs qui vous lèsent, ainsi que sur ceux sur lesquels vous allez pouvoir vous appuyer pour retrouver un peu d'oxygène (nous verrons comment au chapitre suivant).

Vous pouvez vous armer d'un crayon ou d'un stylo dès maintenant et commencer à faire votre bilan sur la page suivante ou bien réaliser l'exercice un peu plus tard sur feuille volante selon ce qui vous est le plus confortable. Je vous conseille de vous référer aux facteurs donnés un peu plus haut, sans vous y limiter : les listes ne sont pas exhaustives. Vous pouvez inscrire dans votre tableau tout ce qui vous paraît pertinent, en estimant simplement si le facteur en question a un impact plutôt important sur votre quotidien, ou plutôt mineur.

POINT SUR

Facteurs de risques

Majeurs	Mineurs

MA SITUATION

Facteurs de protection

Majeurs	Mineurs

PARTIE 3
ARRÊTER LA CHUTE ET REMONTER LA PENTE

« Un problème bien posé est un problème à moitié résolu. »

Henri Poincarré

1. S'EN SORTIR, COMMENT ?

Dans le chapitre précédent, nous avons vu comment le burn-out s'installe et quels mécanismes nous poussent insidieusement sur sa pente. La compréhension de ceux-ci est importante, car il n'y a qu'en décortiquant l'engrenage qu'on peut parvenir à l'enrayer.

Avant de passer à la suite, je vous suggère, si vous ne l'avez pas encore fait, de réaliser l'exercice de la page précédente. L'état des lieux de votre situation vous apporte en effet une clairvoyance qui sera indispensable pour définir les actions les plus urgentes/pertinentes à mettre en place en vue d'améliorer votre situation.

Vous avez peut-être l'impression que c'est le fonctionnement du monde autour de vous qui vous plonge irrémédiablement dans cette situation et que c'est cela qu'il faudrait changer. C'est possiblement vrai pour une partie de ce qui vous touche, malheureusement aucun de nous n'a le pouvoir de modifier la société pour la débarrasser de ces écueils (du moins, pas seul et pas dans un laps de temps suffisamment court pour vous sortir de votre burn-out). La seule échelle à laquelle nous pouvons agir de manière rapide et avec un maximum d'effet, c'est celle de notre vie. Alors que faire concrètement ?

Il n'existe pas une liste d'actions spécifiques à mettre en place pour garantir de se sortir d'un burn-out, mais de grands principes généraux et des « petits trucs » qui peuvent ou non aider certaines personnes à retrouver un peu d'oxygène, selon leur sensibilité.

L'application des grands principes se décline différemment dans la vie de chacun, en fonction de sa situation et de son tempérament. Rappelons-le : il n'y a pas un burn-out, mais autant de burn-out que d'individus et par voie de conséquences, autant de manières de s'en remettre que de personnes touchées.

Certains soutiennent qu'il n'est pas possible de s'en sortir sans être accompagné et parfois même médicamenté. Pour ma part, je pense qu'on ne peut rien affirmer de tel : tout dépend de l'individu et de son état à un instant donné. Un accompagnement par un professionnel réceptif au vécu de son patient, qu'il s'agisse du médecin traitant, d'un psychologue ou d'un psychiatre, peut grandement aider mais il n'est pas obligatoirement indispensable.

Personnellement, je me suis remise de mon burn-out grâce à mes nombreuses lectures et en parlant avec les bonnes personnes (de simples amies, aucunement des professionnelles de la santé). J'ai toutefois dû faire un travail sur moi conséquent pour abandonner mes croyances limitantes (voire toxiques), changer de nombreuses choses dans mon organisation quotidienne et évoluer dans ma manière d'appréhender la vie.

L'objectif de ce chapitre est de vous livrer l'ensemble des clés que j'ai pu obtenir lors de mes recherches et de ma propre convalescence. J'y présente d'abord les grands principes à mon sens incontournables à tout rétablissement, ainsi que la manière dont ils se déclinent. Viennent ensuite des outils bonus, qui sont soit des conseils très spécifiques soit des pistes additionnelles. J'ai fait le choix de les introduire dans l'ordre de ce qui s'est révélé, pour moi, le plus pertinent, mais il est tout à fait possible que ce qui m'a le mieux convenu ne soit pas ce qui vous aidera de manière prioritaire. Voyez ce qui vous semble pertinent lors de votre lecture et implémentez des changements progressivement dans votre vie en fonction de cela.

Retenez que vous n'avez pas obligation de tout essayer (un conseil peut très bien ne pas vous parler) et ne vous mettez pas la pression pour tenter de mettre en place tout ce que vous aurez identifié d'un coup. Le changement aussi demande de l'énergie et vous en avez peu. À choisir, soyez stratégiques : commencez par ce qui aura le plus d'impact positif sur votre vie et qui n'épuisera pas vos ressources, en débutant idéalement par les grands principes.

Avant de les aborder, je tiens à rappeler quelques faits que vous devriez avoir en tête au cas où des pensées culpabilisantes ou défaitistes viendraient vous assaillir :

- votre situation est le produit d'un contexte et non d'une faiblesse individuelle. Quelles que soient votre personnalité et votre histoire, vous n'êtes pas condamné à sombrer dans le burn-out. Et si vous y êtes déjà, souvenez-vous qu'il ne s'agit pas d'un trouble qui, une fois déclaré, ne disparaît jamais. Vous pouvez vous en sortir, même si la route peut être longue.

- le burn-out parental n'est pas un « sous-burn-out ». Personnellement, je le considère encore plus dur à vivre qu'un burn-out professionnel, car là où un salarié soumis à du stress sur son lieu de travail peut rentrer chez lui et décompresser, le parent, lui, est soumis à un stress maximal dès qu'il passe la porte du foyer. De plus, s'il est socialement acceptable d'avouer que l'on déteste parfois son travail, ce n'est pas le cas pour ses enfants...
- j'ai fait le choix de ne pas mettre de témoignages dans cet ouvrage afin qu'il aille à l'essentiel, mais la normalisation de votre vécu est importante. Beaucoup de parents sont dans des situations de souffrance similaires, pas juste vous. Si vous en doutez, n'hésitez pas à rejoindre des groupes de soutien à la parentalité où chacun se confie à cœur ouvert, ou à parler avec des parents d'enfants du même âge. Vous verrez que si le courant passe bien et qu'ils s'ouvrent à vous, ils admettront tous sans exception avoir des passages à vide dans leur parentalité voire des moments de grande détresse. Leurs enfants aussi ont parfois des comportements qui leur donnent envie de se taper la tête contre le mur ou d'exploser. Vous n'êtes pas seuls.

2. Les grands principes

Le burn-out étant un état où les capacités d'adaptation de l'organisme d'un individu sont surchargées à cause d'un stress chronique, les grands principes ont pour double objectif d'aider l'organisme à se remettre et de diminuer le stress.

2.1 Diminuer le stress

A. Hacker le processus du stress

Le plus urgent est d'abord de diminuer le stress car l'organisme ne peut pas récupérer tant qu'il sera omniprésent. Pour cela, il est possible d'agir à plusieurs niveaux, car le stress est lui-même un processus qui se décline en 4 étapes :

1. La survenue d'un évènement stressant. Quelque chose se produit, comme par exemple, une voiture dont l'alarme se déclenche en bas de chez soi.

2. Le cerveau prête attention à l'évènement. Si vous êtes dans votre appartement et êtes aux aguets, vous pouvez techniquement entendre l'alarme. Mais vous pourriez aussi être tellement concentré sur autre chose que votre cerveau filtre l'information et si personne ne vient vous dire « tiens, tu entends ça ? » vous ne réalisez même pas que l'évènement a lieu.

3. Vous interprétez (plus ou moins consciemment) l'évènement. L'alarme peut vous laisser de marbre ou vous agacer, voire vous inquiéter. Si votre voiture est garée en bas de l'immeuble, vous allez peut-être vous demander si quelqu'un ne l'a pas heurté ou tenté de la fracturer. De telles pensées vont forcément augmenter votre niveau de stress et déclencher l'étape suivante.

4. Votre corps réagit au stress. Les manifestations corporelles possibles sont nombreuses. Parfois perceptibles

(augmentation du rythme cardiaque, de la respiration, tension dans les muscles, sudation...), parfois invisibles (réponse hormonale).

Nous allons voir qu'il est possible d'avoir une influence (sans pour autant que cela implique un contrôle complet) sur le stress à chacune de ces étapes.

1. Limiter les stresseurs : se réorganiser

Il serait illusoire de croire que l'on peut empêcher la survenue d'évènements stressants ou ne plus du tout être exposés à des facteurs de stress. En revanche, il est possible d'en éliminer et généralement plus qu'on ne l'imagine, en revoyant son organisation de manière intelligente et pragmatique.

Peut-être pensez-vous ne rien pouvoir améliorer car vous êtes déjà extrêmement bien organisé ? C'est possible, mais dans ce cas il faut vous rendre à l'évidence : vous en faites trop. Il vous faut impérativement alléger votre planning afin de retrouver une routine où votre charge ne dépasse pas vos capacités car vous allez droit dans le mur. Je vous entends déjà protester, comme moi-même j'ai pu le faire : « Mais absolument tout ce que je fais est indispensable ! ». Vraiment ? Nous allons voir cela.

<u>Éliminer le superflu</u>

Avant même de réorganiser son agenda et sa logistique, il est indispensable d'effectuer un tri dans vos activités et les tâches qui vous incombent. C'est comme quand on range sa maison : on se débarrasse d'abord des objets qui ne servent plus avant de trouver les emplacements les plus adéquats pour ce que l'on garde.

Dites-vous bien que si vous finissez hospitalisé (parce que vous craquez psychologiquement ou parce que votre état de fatigue vous mène à avoir un accident grave), vous ne pourrez plus rien faire de toute manière, alors il vaut mieux agir maintenant que contraint et forcé par une santé drastiquement détériorée.

Votre liste de tâche doit être élaguée de tout superflu : tout ce qui relève du perfectionnisme pointilleux (par exemple, faire les lits au carré chaque matin), tout ce que vous vous êtes senti obligé d'accepter mais que vous auriez préféré refuser (comme garder les enfants de votre sœur pendant un week-end entier car elle a envie de se faire un SPA) ou tout ce sur quoi quelqu'un d'autre pourrait prendre le relais sans que cela lui coûte énormément (par exemple, sortir les poubelles ou étendre la lessive).

Plusieurs autres idées vous sont peut-être venues à l'esprit en lisant ces phrases. C'est très bien : notez-les dès à présent !

Toutefois, afin que vous puissiez faire un tri complet et rationnel dans votre agenda, je vous propose un petit exercice. Vous pouvez le réaliser directement dans ce livre à la double page suivante, ou sur une feuille vierge selon votre préférence.

Exercice :

Dans la colonne « Activité », listez toutes les actions récurrentes que vous faites dans une journée classique. Les plus banales (réveiller les enfants pour aller à l'école, regarder mes réseaux sociaux...) comme les plus complexes (travailler sur mes dossiers professionnels, préparer la liste des repas de la semaine. ..). Ajoutez ensuite les actions récurrentes spécifiques à chaque semaine (conduire les enfants à une activité le mercredi, faire les courses le samedi après-midi...) puis celles du mois (toujours récurrentes) s'il y en a (visite mensuelle à mamie Simone, déplacement professionnel de 2 jours chez un client...).

Dans la colonne « Coût énergétique », mettez un ou plusieurs signes « + » en fonction de l'énergie que vous estimez que cela vous demande. Vous pouvez aussi ne rien mettre si la tâche est très rapide et ne vous paraît pas coûteuse en termes d'énergie (même à plat vous l'effectuez sans problème).

Dans la dernière colonne, « Plaisir », indiquez un ou plusieurs signes « + » si la réalisation de l'activité vous apporte de la joie ou de l'épanouissement et un ou plusieurs signes « - » en fonction du dégoût ou du déplaisir que vous avez à l'effectuer.

Ce bilan vaut de l'or. Il est la base à partir de laquelle vous allez pouvoir déterminer ce que vous devez conserver ou éliminer.

ÉTAT DES LIEUX

Activité

DE MON AGENDA

Coût énergétique	Plaisir

Avec un surligneur, pointez d'abord toutes les activités qui vous déplaisent, vous ennuient ou vous agacent (celles avec des signes négatifs dans la colonne plaisir). Ce sont les activités que vous ne feriez pas si vous aviez le choix et il y a fort à parier que dans cette liste, la majorité doit avoir un coût énergétique d'autant plus élevé que vous êtes en burn-out.

Ces activités-là sont les boulets qui vous font couler : déplaisants et énergivores. Elles doivent, dans la mesure du possible, être supprimées purement et simplement de votre emploi du temps surtout pour celles qui ont un coût énergétique maximal. Quitte à ce qu'elles ne soient plus faites du tout (typiquement, avoir un lit fait au carré n'est pas indispensable) ou déléguées (par exemple, les tâches ménagères peuvent être réparties avec les autres membres de la famille, ou vous pouvez - si vous en avez les moyens - embaucher une aide ménagère.).

Toutes ne peuvent pas forcément être supprimées car certaines relèvent peut-être de votre rôle en tant que parent (exemple : passer du temps avec vos enfants. Si vous êtes en burn-out avancé, vous n'y prenez peut-être plus plaisir. Ne vous culpabilisez pas, vous n'êtes pas un monstre pour autant.). Entourez toutes ces tâches pour lesquelles vous êtes vraiment indispensable (qu'importe leur note en « coût énergétique » et « plaisir ») dans une autre couleur et conservez-les. Nous verrons plus loin comment vous pourrez rendre celles qui vous déplaisent moins coûteuses/plus agréables.

Certaines activités surlignées sont peut-être liées à des engagements que vous avez pris à contrecœur pour faire plaisir à autrui. Là il n'y a pas 36 solutions : vous allez devoir expliquer que vous n'êtes plus en mesure d'assumer ces tâches. Les personnes en face pourraient mal le prendre ? Certes, mais comme je le disais plus haut, si vous finissez à l'hôpital du jour au lendemain, vous ne pourrez plus honorer vos engagements non plus, sauf que personne n'osera vous en vouloir. À eux de comprendre que votre vie vous appartient et que vous avez parfaitement le droit de vous désengager de ce qui contribue à vous faire couler. Le burn-out n'est pas un caprice ou une excuse de mauvaise foi : c'est un état d'urgence et vous agissez en conséquence. Vous ne faites que préserver votre santé.

Dites-vous bien que chaque tâche ainsi supprimée, c'est un stresseur en moins auquel vous êtes exposé. Vous agissez ainsi directement à la source du processus de stress : pas d'évènement stressant, pas d'épuisement en réponse de la part de votre organisme. Vous équilibrez aussi votre balance risque/ protection. Même si le tri est parfois difficile, car on préfère souvent accepter de se laisser grignoter par de faux impératifs plutôt que de s'affirmer, il est salutaire.

S'il s'agit d'engagements professionnels (comme une mission qui vous oblige à des déplacements fréquents), la situation est évidemment plus délicate. Engagez tout de même le dialogue avec votre employeur pour voir dans quelles mesures un réaménagement de votre poste serait possible. Après tout, il est aussi dans son intérêt à lui que vous puissiez continuer de venir travailler avec efficacité. Vous pourriez êtes surpris : le projet qui vous épuise fait peut-être justement de l'œil à un de vos collègues qui serait ravi de le récupérer.

Se réorganiser :

Votre agenda doit déjà être un peu moins titanesque à présent. Toutefois, la liste de vos obligations est encore dense et votre niveau d'énergie toujours aussi bas.

Afin de pouvoir affronter vos journées et remonter la pente, il va falloir travailler sur deux aspects : réduire le coût des tâches les plus énergivores et augmenter le plaisir ressenti lors de l'accomplissement de vos activités.

Une activité qui vous procure de la joie est une activité dont le coût en énergie peut baisser. Typiquement, nous rendre à un travail qui nous plaît nous fatigue beaucoup moins que de traîner les pieds à l'idée de franchir les portes du bureau. Une activité peut même devenir une ressource si elle nous enthousiasme et nous offre un regain d'énergie. Elle peut aussi être un facteur de protection car le bon état d'esprit dans lequel on se trouve en l'accomplissant ou la valorisation que l'on peut ressentir grâce à elle vont venir compenser les effets de certains facteurs de stress.

Posez-vous la question pour les tâches qu'il vous reste : avez-vous la possibilité de les rendre moins pénibles/plus plaisantes ? Par exemple, lors des trajets en transport en commun, vous pourriez écouter de la musique ou des podcasts sur des sujets qui vous intéressent. Lorsque vous jouez avec votre enfant, plutôt que de faire à chaque fois l'activité de son choix, vous pouvez lui demander d'en faire une qui vous plaît plus ou lui proposer (s'il en a l'âge) de découvrir un de vos centres d'intérêt.

On ne peut pas forcément transformer une obligation déplaisante en moment de pur bonheur, mais il est souvent possible d'apporter de petits ajustements par-ci par-là. Cumulés sur l'ensemble de votre liste de tâches, ceux-ci peuvent avoir un impact conséquent sur votre niveau d'énergie et votre moral.

Il est aussi possible de réduire le coût énergétique de certaines tâches en revoyant votre mode de fonctionnement. Avez-vous les bons outils pour l'accomplir ? Connaissez-vous les méthodes les plus efficaces ?

J'ai des amis qui m'ont confié qu'ils détestaient le repassage, mais que tout avait changé pour eux lors de l'achat d'une centrale vapeur. Une activité qui était pour eux une véritable tannée à cause d'un fer de mauvaise qualité s'est transformée en tâche « presque agréable » pour reprendre leurs mots. Être bien équipés leur a permis de gagner à la fois en temps et en plaisir.

Enfiler seul une housse de couette est un véritable calvaire (surtout s'il s'agit de celle de son enfant et que l'on doit la changer à trois heures du matin après un accident de pipi). On se bat dans les draps, on perd les coins, on finit en nage et énervé... sauf si on connaît la méthode du burrito. En deux minutes, la housse est enfilée et on n'en parle plus.

Emmener les enfants à l'école en transport en commun, dans un bus bondé, peut être extrêmement stressant pour toute la famille. Et si vous essayiez d'autres modes de transport ? Selon la distance, la météo et le nombre d'enfants, la voiture (en covoiturage éventuel avec d'autres parents), le vélo avec siège passager ou remorque, ou encore la trottinette avec un marchepied pourraient convenir, au moins pour certains jours.

Ce ne sont que quelques exemples, mais ils illustrent bien mon propos. À vous de voir pour chaque tâche énergivore ou déplaisante s'il n'y aurait pas une solution (méthodologique ou matérielle) qui vous permettrait de l'accomplir plus sereinement.

Enfin, nous en avons déjà parlé un peu plus haut mais il est possible que pour certaines choses, la délégation soit encore la meilleure solution pour vous. Revoyez la répartition des tâches du foyer avec votre conjoint : ne pourriez-vous pas lui confier certaines choses, ou *a minima* échanger celles qui vous sont trop pesantes contre des tâches moins énergivores dont il est en charge ? Vous pouvez aussi demander aux enfants en âge de le faire de participer aux tâches ménagères. Cela ne fait pas de vous un esclavagiste si vous n'attendez d'eux qu'une participation raisonnable et appropriée à leurs capacités et cela peut même leur être bénéfique pour comprendre que dans un foyer, chacun doit contribuer.

La délégation peut aussi passer par une aide extérieure, qu'elle soit à domicile (nounou, aide ménagère...) ou non (passer par un service de livraison pour les repas du soir), ponctuelle ou récurrente. Il n'y a aucun mal à embaucher quelqu'un si vous en avez besoin et que cela ne vous met pas en difficulté financière.

À ce stade vous devriez avoir un emploi du temps qui minimise votre exposition aux facteurs de stress et vous permet (sur le papier du moins) de ne pas finir vos journées complètement à plat. Cela n'empêche toutefois pas les imprévus ni le fait d'avoir des réactions émotionnelles importantes face aux stresseurs planifiés comme inattendus. Nous allons voir dans la partie suivante comment nous pouvons agir sur les étapes secondaires et tertiaires du processus du stress.

2. *Entraîner son cerveau*

Lorsqu'un évènement survient et est capté par nos sens, notre cerveau porte l'information à notre attention (il nous en fait prendre conscience) et l'interprète ensuite de manière quasi automatique. Une alarme ou un coup de klaxon ? Danger ! Les pleurs de notre enfant ? Urgence ! La pensée est aussi vive qu'un réflexe.

Vous pensez qu'il est impossible d'avoir le moindre contrôle là-dessus ? Détrompez-vous. Cela demande du temps et de la volonté, mais il est possible d'entraîner son cerveau à filtrer certains signaux pour ne plus leur prêter attention ou au contraire lui faire remonter systématiquement tout évènement d'un certain type. Figurez-vous que si vous êtes persuadé d'avoir un enfant intenable, qui enchaîne bêtise sur bêtise sans jamais vous offrir le moindre bon moment à partager, c'est que vous l'avez probablement déjà fait inconsciemment.

Lorsqu'un individu tombe dans une spirale négative où il ressasse des pensées noires sur sa parentalité, il ne prête plus attention qu'aux mauvaises expériences. Ce faisant, son cerveau voit que celles-ci sont importantes et s'entraîne non seulement à les détecter, mais aussi à lui y faire repenser dès qu'il songe à des considérations similaires. Il porte à son attention des éléments qui viennent confirmer ce qu'il croit déjà, afin de lui permettre de nourrir des certitudes solides qui pourront être des bases fiables pour ses futures décisions. Cela ne veut pas dire que le cerveau est un ennemi : il fonctionne simplement comme cela. C'est un outil et c'est à nous de savoir comment il fonctionne pour en faire un allié dans notre vie, plutôt qu'un handicap.

À sa décharge, même sans être en burn-out nous avons tous naturellement tendance à porter particulièrement attention aux évènements anxiogènes autour de nous. Le but du cerveau est en effet de nous maintenir en vie et pour cela il cherche à détecter les dangers potentiels et à nous aider à trouver la réponse la plus adéquate pour y faire face. Il possède donc un biais naturel qui tend à lui faire paraître plus importants les évènements angoissants que les heureux et celui-ci est exacerbé lorsqu'on commence à ressasser. Il est toutefois possible d'entraîner notre cerveau à être plus objectif : tout simplement en le lui demandant.

Cela ne se fait évidemment pas en un claquement de doigts ou en posant cette simple intention. Mais par exemple, lorsque vous sortez vous promener ou que vous êtes dans une interaction du quotidien, essayez volontairement de détecter des choses réjouissantes. Une jolie fleur qui pousse dans une fissure du trottoir, le sourire de votre enfant lorsqu'il joue, ou n'importe quel autre détail qui vous apporte de la joie. Cela demande un effort conscient au début, mais petit à petit, votre cerveau prendra l'habitude de faire cette recherche et automatisera doucement le processus. Évidemment, il va aussi continuer de vous pointer le négatif et pendant les premiers temps, fera aussi surgir automatiquement les pensées associées à vos ruminations (du type : « *C'est toujours comme ça, la dernière fois aussi mon fils a cassé son nouveau jouet en quelques minutes* », « *Encore un bol abandonné sur la table ! Je suis vraiment la boniche ici.* ». Lorsque cela arrive, la meilleure stratégie est de s'imaginer dialoguer avec cette petite voix intérieure et de lui dire « OK cerveau, merci pour ton intervention. Je sais que tu cherches à me protéger, mais je n'ai pas besoin de cela pour le moment. Est-ce que tu peux plutôt me pointer quelque chose qui peut me faire du bien ? Un détail plaisant que j'aurais manqué, ou une façon positive d'interpréter les choses ? »

Selon les personnes, l'exercice est plus ou moins fastidieux, mais cela finit par porter ses fruits.

En plus de cet entraînement du cerveau à ne pas occulter les évènements positifs, il y en a un second que l'on peut faire : celui de cesser d'automatiquement tout interpréter de façon négative.

Vos pensées ne sont pas la vérité et vos craintes non plus. Il est donc inutile de vous mettre la rate au court-bouillon en imaginant le pire ou en faisant des suppositions qui vous font vous sentir mal dès que quelque chose survient.

Une alarme sonne dans la rue ? Pourquoi imaginer de suite que l'on est en train de cambrioler votre véhicule, alors qu'il est aussi possible que quelqu'un se soit garé en double file pour chercher du pain à la boulangerie et que ce soient les mouvements de son chien ou de ses enfants, restés dans la voiture, qui déclenchent l'alarme ? Les deux scénarios sont envisageables et aucun n'est plus probable que l'autre. Pourquoi choisir d'alimenter vos peurs plutôt que votre tranquillité ? Ou tout simplement, prendre l'évènement pour ce qu'il est : une alarme de voiture s'est déclenchée. En soi, ce n'est ni un fait négatif ni un fait positif. Juste une information.

Autre exemple : vous arrivez à la machine à café et votre collègue repart à son poste en vous voyant approcher. Plutôt que d'imaginer qu'il est fâché contre vous, qu'une rumeur étrange court peut-être à votre sujet, ou que vous êtes devenu un pestiféré à cause de votre intervention lors de la dernière réunion, pourquoi ne pas prendre l'évènement pour ce qu'il est vraiment ? Votre collègue est reparti travailler. Il était peut-être là depuis un moment et comptait déjà partir, ou bien il n'avait pas envie de discuter car quelque chose de personnel le préoccupe et il ne se sentait pas capable de faire comme si de rien n'était, ni n'avait envie d'en parler. Ce n'est qu'un fait, ni positif ni négatif.

Vous pourrez me rétorquer qu'il y a des faits fondamentalement négatifs. Par exemple, si vous descendez dans la rue suite à l'alarme et que vous trouvez votre voiture vandalisée. Évidemment, cela va vous causer de la colère, de la tristesse, voire du désarroi. Vous allez penser à tous les coûts que cela va engendrer, aux démarches à faire avec l'assurance, au rendez-vous à prendre chez le garagiste, à votre patron qui va certainement râler de votre absence, à votre conjoint qui ne manquera pas de rappeler qu'il vous avait bien dit de ne pas vous garer là... Et vous tombez dans une spirale de négativité qui va vous plomber la journée. Mais l'évènement est-il forcément totalement négatif ? Vous ne pouvez pas en être sûr car l'ensemble des conséquences de celui-ci n'est pas encore connu. Si ça se trouve, en amenant votre voiture chez le garagiste, vous croiserez un ancien ami perdu de vue et qui vient d'emménager dans la ville. Vous vous entendrez toujours aussi bien et il deviendra un soutien incontournable de votre vie pour les décennies à venir. Et s'il n'avait pas eu l'entretien de sa voiture à faire pile ce jour-là, vous ne l'auriez jamais retrouvé. *A posteriori*, avoir dû vous embêter avec les réparations vous semblera un coût bien faible face au bonheur à long terme qui découlera de ces retrouvailles.

Perdre de l'énergie à imaginer le pire dès que quelque chose se produit est donc contre-productif et ne fait qu'alimenter son propre mal-être. Entraînez votre cerveau non pas à tout penser béatement en rose (cela serait aussi erroné que tout voir en noir) mais à être le plus objectif possible : un évènement n'est qu'un fait et un fait n'est, en soi, jamais totalement positif ou négatif. On ne peut pas toujours savoir quelle vérité se cache derrière un fait : il faut donc se garder d'interpréter les choses à outrance. Et même quand il est possible de le percevoir de manière objective, il convient de s'abstenir de lui coller une étiquette ou de sombrer dans le défaitisme, car il est impossible de prédire toutes les conséquences de celui-ci.

Cette philosophie est bien comprise dans certaines cultures. Saviez-vous qu'en mandarin, on utilise le même caractère 机 pour écrire « crise » et « opportunité » ?

3. Agir sur les manifestations corporelles du stress

Il reste une dernière étape dans le processus du stress : celle où il est ressenti. L'évènement stressant a eu lieu, il a été perçu et ça y est, vous vous sentez physiquement mal. Votre corps est tendu, votre rythme cardiaque s'est accéléré, votre ventre est noué. Se répéter que les évènements ne sont pas si graves que cela n'y change rien : vous êtes stressé.

La bonne nouvelle, c'est que vous pouvez agir même à ce stade pour vous apaiser et retrouver votre calme.

Il est impossible d'être à la fois physiquement détendu et de se sentir stressé. De même, si le rythme cardiaque redescend, le stress ne peut perdurer : c'est mécanique. Sachant cela, on peut utiliser des techniques de respiration et de relaxation pour faire disparaître — ou *a minima* atténuer — le stress.

De nombreux outils existent pour cela :
- la méditation;
- le yoga;
- la sophrologie;
- l'EFT (une technique inspirée de l'acupression où l'on tapote des points précis du corps);
- la cohérence cardiaque (où l'on alterne des inspirations, des blocages de respiration et des expirations à un rythme précis);
- la visualisation de choses positives;
- et même la prière (il a été montré que pour les croyants, prier offrait les mêmes bénéfices qu'une séance de relaxation).

Chaque technique sera plus ou moins efficace en fonction de l'individu. Toutes peuvent être pratiquées hors de la survenue d'un pic de stress afin de libérer le corps des tensions accumulées et auxquelles on devient tellement habitués qu'on ne les perçoit plus. C'est une forme d'entretien et de prévention : si l'organisme est bien détendu au moment de la survenue d'un évènement stressant, il réagira moins douloureusement que s'il était déjà crispé et fatigué par des tensions résiduelles.

B. Repenser nos paradigmes

« Un paradigme est — en épistémologie et dans les sciences humaines et sociales – une représentation du monde, une manière de voir les choses, un modèle cohérent du monde qui repose sur un fondement défini. »

Définition issue de Wikipédia

L'individu en burn-out parental cultive souvent une vision de la parentalité qui lui est néfaste. Basée sur des croyances toxiques, elle mène le parent à attendre quelque chose de lui-même ou de son enfant qui n'est pas réaliste. Si en plus cela se cumule avec un désir exacerbé de perfectionnisme, on a là deux facteurs clés qui stressent l'individu et le précipitent vers sa chute.

Le paradigme de la parentalité a donc besoin d'être repensé, tout comme le niveau d'exigence que l'on a envers soi-même. Ce travail peut être fait seul avec de l'introspection ou avec un accompagnement avec un coach spécialisé ou un psychothérapeute. Je vais ici vous livrer quelques pistes qui pourront vous aider à y réfléchir par vous-même dans un premier temps.

1. La parentalité

Dès la conception d'un bébé, les parents se préparent à leur futur rôle. Certains dévorent les ouvrages sur l'éducation ou le développement de l'enfant, d'autres écument les magasins en quête du meilleur matériel de puériculture. Tous, plus ou moins inconsciemment, se projettent dans l'avenir et rêvent des moments qu'ils passeront avec leur enfant. Ils imaginent sa naissance, le tenir dans les bras à la maternité, lui faire ses premières grimaces. Ils fantasment son sourire et ses yeux brillants. Ils s'imaginent le nourrir, jouer avec lui à différents âges. Des scènes de construction avec des cubes, de jeux de rôle avec des peluches, ou de bambin apprenant à faire du vélo se succèdent dans leur tête au fil des mois. Ils se voient souriants, heureux, complices. Des parents parfaits avec un enfant parfait.

Mais la réalité ne ressemble jamais à nos fantasmes. Parfois, elle n'en est pas très éloignée, mais d'autres fois, c'est l'opposé complet. Si l'enfant n'a pas le tempérament espéré, a des problèmes de santé, pleure beaucoup, n'apprécie pas les activités proposées par ses parents... ceux-ci déchantent.

Lorsqu'un enfant intègre un foyer, c'est à la fois un moment de joie et un moment de deuil. Le deuil de ses projections. Celui de l'enfant imaginaire dont on rêvait et celui du parent que l'on espérait être.

Qui ne s'est pas senti abattu en réalisant qu'il criait plus que de raison, alors qu'il se figurait être un parent calme, optimiste et capable d'appliquer toutes les recommandations d'éducation positive qu'il avait pu lire ?
Qui n'a jamais eu un coup de déprime en voyant que l'enfant qu'il imaginait devenir coopératif et doux refuse constamment les activités qu'on lui propose et se roule par terre en hurlant à la moindre frustration ?

La vérité, c'est que le fossé peut être immense entre nos projections idéalisées et la réalité. Et plus on s'accroche à celles-ci, plus ces attentes nous blessent.

Il est normal et sain de faire progressivement le deuil de l'enfant que l'on espérait avoir et de la parentalité sans embûches que l'on s'attendait à vivre. Ce renoncement peut être douloureux, mais il est nécessaire pour pouvoir accepter l'enfant qu'on a et le contexte dans lequel nous évoluons. Pour beaucoup de gens, ce processus se fait naturellement et presque inconsciemment. Pour d'autres, il faut le conscientiser et l'actionner volontairement. Sans cela, l'individu nourrira toujours une forme d'amertume et de déception qui pourront l'empêcher de s'épanouir pleinement dans sa réalité.

Une fois cette étape franchie, on s'attaquera à déconstruire ce qui est peut-être le mythe le plus toxique de toute la parentalité moderne : croire qu'un bon parent est un parent qui se sacrifie.

C'est une tendance nocive de notre époque : penser que le « bon parent » doit s'investir partout et tout le temps dans la vie de sa progéniture. Cela part d'une très bonne intention : la protéger et faire en sorte qu'elle ait de quoi s'épanouir. Mais en pratique, on se retrouve avec un parent qui cavale à droite à gauche, avec une charge mentale démesurée à la fois sur les aspects logistiques de la vie de la famille et sur ses propres comportements. Comportements et réactions qu'il surveille avec attention car, au moindre écart, il se jugera très sévèrement.

Des cris ? Un craquage nerveux ? Cela ne doit pas arriver ! Un parent parfait ne s'énerve pas : il prend du recul. Il est calme même si on lui jette une assiette de purée à la figure ou que les murs du salon ont été tagués aux marqueurs indélébiles.

En vérité, le parent parfait n'est plus un parent, car un parent, c'est un individu avec son tempérament et sa sensibilité. Un parent est porteur de sa propre histoire, il a ses qualités et ses défauts. Il possède des valeurs qui n'appartiennent qu'à lui.

Le parent parfait, lui, est en fait un coach. Un professionnel compétent, capable de détachement émotionnel dès que cela est nécessaire et qui observe tout avec un recul que sa situation de membre extérieur à la famille lui permet d'avoir.

Mais vous n'êtes pas un coach : vous êtes un parent. Vous n'avez pas à être parfait pour être bon : il suffit d'être sécurisant pour votre enfant. Et cela ne veut pas dire vous sacrifier.

Il est possible de concilier éducation positive et respects de vos besoins personnels, pour peu que l'on comprenne que l'éducation positive n'est pas équivalente à l'ensemble des recommandations des influenceurs Instagram (qui sont parfois détournées de la théorie d'origine et contradictoires les unes avec les autres). Voir ce que fait le reste du monde pour vous inspirer est OK. Penser que cela vaut parole d'évangile est une erreur.

Un exemple tout simple : vous avez peut-être entendu dire que face à un enfant en crise, il faut le prendre dans ses bras et l'aider à verbaliser. Cela marche peut-être avec certains enfants à certains âges, mais il en est pour qui cela est en fait pire que tout. Les enfants atteints d'un TSA (trouble du spectre autistique) en font partie.

La verbalisation peut leur induire une surcharge cognitive et les contacts physiques non sollicités sont très désagréables pour eux. Loin de les apaiser, ces comportements vont empirer les crises. De même, l'apprentissage de l'autonomie ne se fait pas de la même manière et au même rythme pour eux que pour leurs camarades non TSA. Attendre d'eux qu'ils arrivent à faire les mêmes choses aux mêmes âges vous causera juste de la déception et à eux beaucoup de désarroi.

Le plus important, c'est de faire ce qui convient à vous et à votre enfant. Et si cela passe par devoir parfois le frustrer pour mieux respecter vos besoins fondamentaux (comme manger, dormir, vous soigner ou vous laver), il faut l'accepter.

Si vous êtes en burn-out avec des réactions épidermiques en dent de scie toute la journée, cela n'est pas sécurisant pour votre enfant et peut même, si cela dure longtemps, le soumettre à un stress chronique dont nous avons déjà vu les effets délétères. Bref : vous pousser à bout en espérant que cela fasse de vous un « meilleur parent » est une stratégie inefficace. Soyez un bon parent, qui sait s'écouter et confiant en sa capacité à prendre les bonnes décisions pour sa famille.

Dites-vous bien que vous êtes légitime à incarner une autorité auprès de votre enfant et à mettre en place des aménagements dans votre parentalité. Vous avez le droit de changer de paradigme. D'accepter que oui, si votre enfant ne tient pas en place à table ce n'est pas si grave. Que oui, vous n'avez pas forcément vécu les moments fantasmés que vous espériez avec votre bébé lors de ses premiers jours, mais que vous en avez tout de même eu d'autres d'appréciables. Vous avez le droit de prendre une nounou ou de confier les enfants à leurs grands-parents pour vous soulager quand ça ne va plus, ou si vous sentez que votre limite va bientôt être atteinte. Vous avez le droit de revoir vos principes éducatifs si vous estimez que ceux-ci sont trop stricts sur certains aspects ou simplement trop éloignés de ce qui vous correspond vraiment. Vous évoluez, c'est normal. Et c'est d'autant plus sain que cela vous permettra d'aller mieux.

2. Le perfectionnisme

« 18 c'est bien. 20 c'est mieux. »
« Pour que ce soit bien fait, fais-le toi-même. »
« La perfection est difficile à atteindre mais il faut la viser pour accomplir quoi que ce soit de valable. »

Ces phrases ont une résonance toute particulière pour vous ? Alors vous êtes peut-être trop attaché au perfectionnisme.

Évidemment, personne n'a pour ambition d'être médiocre dans la vie. Il n'y a rien d'enthousiasmant à l'idée de se dire : « je veux me contenter d'un travail alimentaire, ne jamais dépasser le stade de l'amateurisme dans aucune de mes passions et élever mes enfants pour qu'ils soient des adultes moyens, ni trop intelligents ni trop bêtes, ni criminels ni saints. Je veux en faire des personnes elles-mêmes tout juste capables de médiocrité. »

Mais il y a une différence entre chercher à faire bien et viser la médiocrité. Et bien faire n'est pas non plus chercher à faire parfait.

Connaissez-vous la loi de Pareto ? Elle stipule que 20 % des efforts que l'on fournit (ou du temps que l'on passe sur un projet) permettent 80 % du résultat. Son corollaire, c'est que chercher en permanence à faire parfait (viser le 100 %), c'est devoir fournir 5 fois plus d'efforts que pour « bien faire ». Quand on est en burn-out, on ne peut tout simplement pas se permettre de telles dépenses d'énergie.

Pour revoir son paradigme et aller vers moins de stress, il convient donc d'abandonner l'idée que « les choses doivent être parfaites, sinon elles ne valent rien » et de comprendre que « fait vaut mieux que parfait ».

Parfois, il est utile de se demander d'où nous vient ce besoin irrépressible de la perfection afin de réussir à le surmonter. Est-ce que vous croyez que votre entourage attend cela de vous ? Que votre conjoint vous aimera moins si vous le laissez plier et ranger ses vêtements lui-même ? Ou que vos enfants auront une image négative de vous si vous ne dessinez pas un bonhomme avec les légumes et les pâtes dans leurs assiettes à chaque repas ?

Pensez-vous que vous deviendrez inintéressant et indigne d'être fréquenté si vous n'êtes pas capable d'apporter une « plus-value » aux autres via la qualité de votre travail ?

La volonté de trop en faire trouve parfois sa source dans ce genre de peurs, liées à des blessures d'enfance. Prendre le temps de creuser celles-ci, seul ou avec l'aide d'un professionnel, peut s'avérer bénéfique si l'on ne parvient pas à abandonner ses tendances à vouloir tout faire soi-même et à viser la perfection.

Vous noterez aussi que le perfectionnisme, de par sa nature chronophage et la pression qu'il fait peser sur les épaules des individus, les oblige à courir après le temps et les empêche de s'ancrer dans le moment présent. Or, ce n'est qu'en apprenant à savourer ce que l'on vit dans l'immédiateté que l'on trouve la sérénité. Ressasser le passé ou s'inquiéter pour l'avenir (que ce soit parce qu'on a peur d'être en retard à un rendez-vous ou qu'on songe au futur qui attend nos enfants), c'est se placer face à un malheur qui soit n'existe plus (car le moment est passé) soit n'existe pas encore (et qui, avec un peu de chance, n'existera peut-être jamais).

C. Émotions et communication : une approche assainie

Le dernier grand principe pour permettre de diminuer le stress concerne nos émotions et la manière dont nous communiquons.

Cela n'est pas forcément évident au premier abord, mais le fait de ressentir des émotions sans parvenir à les nommer et les comprendre est un fait générateur de stress. Les personnes capables de prendre du recul et d'identifier avec précision qu'ils ressentent de la colère, de la tristesse ou encore de la frustration face à une situation difficile sont plus à même de réguler l'émotion en question et d'y apporter une réponse adaptée. Cela vaut à la fois pour les moments où nous sommes seuls et ceux pour lesquels nous sommes en interaction.

Imaginons une situation fictive : vous êtes chez vous, vous entendez un énorme bruit de verre et vous réalisez que votre enfant vient de faire tomber au sol votre carafe d'eau qui s'est brisée en mille morceaux. Si vous vous laissez emporter par vos émotions sans chercher à les comprendre, vous allez peut-être vous mettre à crier et à blâmer votre enfant pour sa maladresse. Pour autant, est-ce que hurler va contribuer à résoudre la situation ? Allez-vous vous sentir mieux ou pire ? Les éclats de verre vont-ils se reconstituer ? Cela va-t-il aider votre enfant à comprendre son erreur ou à voir quelle solution y apporter ?

Non, évidemment.

En revanche, si vous avez pris l'habitude d'analyser vos émotions (que ce soit à froid sur le long terme ou que vous fassiez l'effort conscient sur le coup), vous réaliserez peut-être que vous ressentez beaucoup de choses. De la colère parce que vous avez été interrompu par le bruit dans une activité qui vous plaisait. De la peur car vous craignez que les membres de votre famille ne puissent se blesser à cause du verre. De l'abattement car vous voyez qu'il va vous falloir trouver une autre solution pour que votre chacun puisse se servir à boire en toute autonomie. De la tristesse peut-être aussi, car vous aimiez beaucoup cette carafe. Prendre conscience de ce maelström émotionnel va permettre à son intensité de diminuer. Les émotions sont en effet des messagers : une fois leur signification comprise, elles peuvent repartir. Certes, tout ne disparaît pas immédiatement, mais cela enlève déjà certaines choses.

Vous pouvez alors vous demander quelle est la meilleure façon de réagir. Qu'est-ce qui peut vous apaiser ou aider la situation à se résoudre ? Peut-être ressentez-vous le besoin de voir votre enfant s'éloigner du verre brisé, à la fois pour qu'il se mette en sécurité et pour pouvoir estimer les dégâts. Mais vous exclamer sur un ton paniqué : « Bon sang, recule ! Ne reste pas là ! » ne va probablement vous calmer ni l'un ni l'autre.

Vous avez le droit de prendre le temps de respirer pour vous apaiser, de voir comment vous vous sentez dans votre corps (tendu, estomac noué, bouffée de chaleur...) et de verbaliser votre ressenti. Cela peut vous aider, vous, autant que votre interlocuteur, qui comprend alors à quoi vous êtes en train de faire face intérieurement. Il y a moins de risques que l'on interprète vos réactions de manière erronée et que des disputes s'ensuivent.

En pratique, je recommande d'appliquer les principes de la communication non violente de Marshall Rosenberg :

- Pas de « tu qui tue » : on parle à la première personne, en disant « je »;
- Parler uniquement des faits et de nos ressentis : pas de jugement ou d'interprétation des comportements de l'autre;
- Éviter de généraliser.

Dans notre situation fictive, une phrase qui envenimerait irrémédiablement la situation serait : « Bon sang, tu as *encore* cassé quelque chose ! *Tu ne sais rien faire de tes dix doigts* ou quoi ?! Éloigne-toi de là avant de te blesser ! »

Une façon assainie d'exprimer la même chose pourrait être : « La carafe est cassée, il y a du verre partout. Je suis en colère parce que c'est le bazar et aussi je m'inquiète : j'ai peur que tu marches sur un bout de verre et que tu te blesses. Recule dans la cuisine s'il te plaît le temps que j'aille chercher le balai. »

Évidemment, il ne s'agit pas de se mettre à s'exprimer comme des robots dénués d'émotion. Il s'agit de trouver une manière qui vous corresponde de vous exprimer qui ne soit pas perçue négativement par votre interlocuteur, car elle ne porte ni attaque ni jugement. On peut l'employer dans n'importe quelle situation : avec des enfants comme des adultes, dans la vie personnelle comme professionnelle. Ces principes permettent d'énoncer des faits et de partager vos sentiments de façon neutre, ce qui pose une base pour la collaboration et la recherche de solutions.

2.2 Récupérer physiquement

Nous l'avons vu, le burn-out n'est pas « juste dans la tête » : il cause des dommages et des perturbations physiques. Pour en sortir, il convient non seulement d'éliminer le stress chronique qui le cause, mais aussi de permettre à l'organisme de récupérer.

Récupérer, cela veut dire à la fois remonter son niveau d'énergie et soigner le corps. L'état de santé de l'individu a en effet pu se dégrader à tel point que des affections particulières ou des maladies ont pu se déclarer (voir première partie de ce livre) et il convient de traiter celles-ci le cas échéant. Consulter un médecin est alors nécessaire afin qu'un diagnostic puisse être réalisé et un traitement adéquat prescrit.

Heureusement, tout le monde n'en arrive pas là. Que l'on ait des problèmes de santé supplémentaires à régler ou non, le rétablissement de l'organisme passera forcément par l'amélioration de son hygiène de vie, ce qui implique trois axes majeurs :

- le sommeil;
- l'alimentation;
- la gestion de son niveau d'énergie au cours de la journée.

A. Le sommeil

C'est de loin l'aspect le plus important car il est indispensable à toute récupération de l'organisme et à la poursuite de vos activités en journée. Le mental et le corps ont besoin d'un rythme veille/sommeil sain et d'un sommeil à la fois de qualité et d'une durée suffisante. Les systèmes nerveux et hormonaux se dérèglent progressivement avec les troubles du sommeil, entraînant entre autres fatigue, irritabilité, accroissement de l'anxiété et difficultés de concentration. Tout cela peut donner aux journées à affronter des airs de montagne infranchissable.

Mais bien dormir, c'est parfois plus facile à dire qu'à faire. Quand on a un enfant en bas âge qui nous réveille plusieurs fois dans la nuit, que des pensées anxieuses nous tiennent éveillées, ou qu'on souffre déjà d'un dérèglement biologique avancé (qui fait que le repos, même long, n'est pas récupérateur), la situation peut paraître inextricable.

Il est toutefois possible de mettre en place des aménagements qui pourront, avec le temps, vous permettre de récupérer de mieux en mieux.

Les réveils nocturnes de votre enfant constituent un problème d'origine extérieure et qui ne peut pas disparaître par votre simple volonté. Mais pourraient-ils être gérés par l'autre parent plutôt que vous ? Ou bien, si vous êtes vraiment au bout du rouleau, pouvez-vous envisager de demander de l'aide à de la famille pour qu'elle vous héberge pendant quelque temps et prenne le relais la nuit ? Dans certaines villes, des services de nounous nocturnes (qui gardent le bébé à votre domicile) existent aussi.

Si votre sommeil n'est pas réparateur, que vous vous réveillez par vous-même régulièrement dans la nuit ou que vous avez des difficultés d'endormissement, le problème vient cette fois de l'intérieur. La bonne nouvelle, c'est que vous avez le pouvoir d'agir pour aider votre organisme à se réguler, petit à petit.

Pour cela, il convient de structurer votre rythme de sommeil et d'adopter une hygiène de vie qui le favorise. Typiquement, en se couchant et en se levant à heures fixes, en s'exposant tôt le matin à la lumière du soleil (pour que le corps sécrète les hormones adaptées à l'éveil dès votre lever) et en évitant les excitants (comme la caféine), le sport et les écrans (dont la lumière bleue perturbe le sommeil) le soir, au moins 90 minutes avant le coucher. En cas de fatigue importante pendant la journée, faire une sieste en début d'après-midi pour compenser est aussi possible et peut vous aider à trouver un rythme plus adapté à votre état du moment.

Il est aussi possible de chercher à compenser ces problèmes avec des médicaments ou des compléments alimentaires. Attention toutefois en cas d'automédication : certaines personnes prennent parfois de la mélatonine. Si le problème vient chez eux d'un déficit de cette substance, cela peut les aider. Mais si l'origine des troubles du sommeil est la qualité de celle-ci et non sa quantité, cela peut avoir des effets indésirables. Il est judicieux de prendre conseil auprès d'un médecin afin de réaliser d'éventuels bilans et de voir ce qui serait le plus adapté à votre situation.

B. L'alimentation

Vous le savez peut-être car les sujets relatifs à l'alimentation ont été beaucoup médiatisés ces dernières années : ce que nous mangeons a une influence directe sur notre santé. Si le corps peut temporairement compenser les carences ou les excès quand il est en forme, lorsque l'on tombe en burn-out c'est une autre affaire.

Je ne vous ferai pas ici un cours de diététique : ce n'est pas l'objet de ce livre et des ouvrages adaptés vous renseigneront en profondeur mieux que je ne pourrais le faire. Il est toutefois important de comprendre que :

- pour bien fonctionner, le corps a besoin de recevoir en quantité suffisante les nombreux éléments et vitamines qui lui sont nécessaires;
- manger trop riche en graisses et en sucre, malheureusement omniprésents dans notre nourriture occidentale, épuise l'organisme qui fournit un énorme travail pour compenser ces excès;
- s'alimenter aux mauvais moments (tard le soir, ou très fréquemment en cours de journée) fatigue aussi le corps, qui travaille en permanence pour digérer et n'a plus de rythme fixe d'alimentation;
- bien boire de l'eau, de façon régulière tout au long de la journée, est aussi important que de bien manger.

S'il est un bon moment pour commencer à prêter une attention toute particulière au contenu de votre assiette, c'est celui-là. N'hésitez pas à consulter un nutritionniste si vous en ressentez le besoin (ou si vous présentez une pathologie alimentaire : son suivi sera alors indispensable) pour voir comment rééquilibrer vos menus et aider votre organisme à mieux fonctionner. Comme pour le sommeil, c'est un travail d'hygiène de vie. Celui-ci porte ses fruits sur le long terme : vous ne verrez pas forcément les bénéfices immédiatement, mais cela contribue grandement à la récupération de votre organisme.

Vous pouvez envisager de prendre des compléments alimentaires, mais je vous recommande, là encore, de faire le point avec votre médecin avant d'en consommer. Certaines substances, même vendues sans ordonnance, peuvent en effet être contre-indiquées selon votre état de santé et les traitements médicaux déjà suivis. De plus, un professionnel pourra vous dire comment prendre au mieux les compléments recommandés (heure de la journée, prise ou non avec un repas) pour maximiser leurs effets.

C. Gérer son niveau d'énergie

Démarrer la journée en étant reposé le mieux possible est important. S'assurer de ne pas dilapider tout son capital énergétique dès le matin l'est tout autant.

En appliquant les grands principes liés à la réduction du stress que nous avons vu précédemment, vous devriez normalement avoir une charge quotidienne plus adaptée à votre niveau d'énergie du moment, tout en étant capable de mieux gérer le stress non planifié qui pourrait survenir.

Avoir compris que vous pouviez abandonner le perfectionnisme devrait aussi vous alléger.

Malgré cela, ne pas finir la journée sur les rotules peut encore constituer un défi. Cela peut entre autres provenir du fait que les activités qui vous demandent de l'énergie et de la concentration ont lieu à des moments non optimaux pour votre biologie.

Chacun d'entre nous a en effet des moments de la journée où il se sent plus alerte, plus énergique.

Qui n'a pas un proche capable, dès l'aurore, de bondir du lit et d'enchaîner avec aisance les étirements, la préparation du petit déjeuner et la planification de ses rendez-vous de la semaine ?

Et à l'inverse, une connaissance qui repousse trois fois son réveil, se lève les yeux encore collés par le sommeil, verse son café à côté de sa tasse et n'émerge vraiment qu'une fois arrivé au travail, après quarante-cinq minutes passées à comater dans les transports en commun ?

L'un sera particulièrement efficace pendant les premières heures de la journée, l'autre atteindra son pic d'énergie plutôt dans l'après-midi.

Nous avons tous un fonctionnement qui nous est propre et parvenir à l'identifier pour en tirer parti peut s'avérer un formidable atout pour préserver son énergie.

Ainsi, il est pertinent d'effectuer les activités les plus fatigantes sur la période où vous êtes le plus alerte et de vous ménager le reste du temps. Un travail de conception vous demande douze heures d'intense réflexion et de rédaction ? Si vous êtes du matin, réservez-vous les trois heures après votre arrivée au travail pour l'effectuer et ce toute la semaine. Des réunions où vous devez êtes présent mais pas forcément très actif ? Elles seront mieux placées pendant votre phase de coup de mou en fin de journée.

Le salariat et les horaires scolaires ont malheureusement leurs impératifs horaires et il n'est pas possible pour tout le monde de planifier librement ses journées. Je vous recommande toutefois d'essayer de respecter votre rythme autant que faire se peut et dans la mesure du possible, d'essayer de ne pas assumer trop de rôles différents dans la journée.

En effet, si dans la vie on peut être parent, employé, adepte de la salle de sport, cuisinier, lecteur assidu, élève qui suit des cours du soir et intendant du foyer, on ne peut pas être tout à la fois. Les journées ne font que vingt-quatre heures et passer d'une casquette à une autre est particulièrement énergivore. Personnellement, pour me remettre lorsque j'étais en état de burn-out avancé, je devais me limiter à assumer deux rôles maximum dans la journée. Il ne m'était tout simplement pas possible de faire plus. Lorsque j'ai commencé à aller mieux, je suis passée à trois en sachant que dans tous les cas, je ne dédiais le temps de ma période la plus alerte qu'à un seul de mes rôles. Il convenait donc que je choisisse bien ma priorité du jour en me levant chaque matin et que je n'attende pas de moi d'être particulièrement productive ou efficace sur mes rôles secondaires.

Il me semble important de statuer quelque chose de manière explicite à ce point de votre lecture : si vous êtes sur la pente du burn-out mais pas complètement au fond du gouffre, vous pouvez tenter de conserver l'ensemble des casquettes que vous êtes susceptibles d'endosser actuellement, en réarrangeant les moments dans la semaine où vous aller les porter. Mais si vous êtes dans un état critique, que l'épuisement vous terrasse, vous devez consulter un médecin pour en parler et, en plus d'un suivi médical avec bilan de santé qui s'avérera nécessaire, envisager un arrêt de travail. Oui, même si vous n'êtes pas fatigué à cause de votre emploi, vous pouvez être arrêté parce que vous n'êtes plus forcément en état de faire de longs trajets chaque jour pour vous y rendre et d'assumer vos fonctions. Le médecin n'est pas là pour vous juger : son rôle est de vous aider à retrouver la santé. Et s'il estime que vous avez besoin d'un arrêt temporaire, il peut tout à fait vous le prescrire.

Ce qui compte, c'est que les dispositions soient prises pour que l'ensemble des activités que vous accomplissiez dans la journée ne soit pas trop énergivore pour vos capacités. Cela ne veut pas dire ne plus rien faire. Se ménager et se reposer lorsque vous en ressentez le besoin est nécessaire mais si vous n'en êtes pas à un stade extrême, passer vos journées au lit n'est pas la solution. En burn-out, l'estime de soi est diminuée et l'individu a besoin de la reconstruire, notamment par l'activité. En voyant qu'il parvient à accomplir certaines tâches et qu'il peut toujours contribuer à son bien-être et à celui de sa famille, il va progressivement reprendre confiance et regagner ses capacités.

Une fois votre rythme identifié, vous pouvez instaurer des routines pour que, dans votre agenda, vos temps d'activité optimum soient bien réservés à vos priorités du moment et que ceux dans lesquels vous savez avoir besoin de repos soient dédiés à un temps de récupération.

Dans la journée, vous pouvez aussi tenter de remonter votre niveau d'énergie en aménageant des petites choses simples qui vous font plaisir. Par exemple, vous installer dans une salle vide le midi au bureau pour écouter une musique qui vous détend. Ou prendre un itinéraire alternatif en sortant du travail, même s'il est un petit peu plus long, parce qu'il vous fait traverser un parc que vous aimez bien et que cela contribue à vous ressourcer. En somme, de petites actions ponctuelles qui peuvent vous permettre d'aborder le reste de la journée en vous sentant un peu plus requinqué.

3. Les outils

Les grands principes exposés précédemment auront des mises en pratique différentes en fonction de la situation et de la personnalité de chacun. Je me suis attachée à les présenter de la manière la plus généraliste possible afin que vous puissiez par vous-même voir comment vous souhaitiez les appliquer dans votre vie.

Dans ce chapitre, nous allons nous attarder sur certaines pratiques susceptibles de vous aider. Je les appelle des « outils », même s'il ne s'agit pas forcément d'objets physiques mais plutôt d'activités ou de méthodes, car vous avez la possibilité de les employer ou non, selon votre attrait pour l'un ou l'autre. Sentez-vous libre de les parcourir, comme vous le feriez du contenu d'une boîte à outils, et de les intégrer à votre quotidien en fonction de vos besoins.

A. Activité physique

Le sport est une bonne pratique dont nous connaissons tous l'importance pour nous maintenir en bonne santé. Toutefois, lorsqu'on est en burn-out, on peut légitimement s'interroger sur sa pertinence. L'épuisement se conjugue parfois avec des douleurs physiques et l'on peut craindre d'empirer encore son état. D'autres personnes, très sportives, peuvent au contraire vouloir en faire plus pour se sentir mieux.

Comme souvent, il est préférable d'éviter les extrêmes et de se dépenser avec modération.

L'individu en burn-out qui ne pratique pas ou plus d'activité physique doit apprendre à réinvestir son corps qu'il a trop longtemps négligé d'écouter. Permettre à l'organisme de l'oxygéner en douceur est idéal pour cela. Nul besoin de soulever de la fonte dans une salle bondée : 30 à 40 minutes de marche à pied quotidiennes font très bien l'affaire et seront d'autant plus bénéfiques si celles-ci ont lieu lors d'une promenade dans un endroit exempt de stress, comme une forêt ou un parc calme.

Pour les personnes qui ont déjà une activité, adorent cela et auraient le réflexe d'intensifier leur pratique, il convient d'y aller doucement. Certes, le sport peut apporter un regain d'énergie, mais il sollicite aussi les circuits de récupération de l'organisme (notamment l'endurance, qui est donc déconseillée en cas de burn-out sévère) et en faire trop ne vous aidera pas à vous remettre physiquement. Si vous reprenez le sport après une phase d'arrêt, limitez-vous à la moitié du temps de ce que vous faisiez avant votre épuisement et avisez au fil des séances pour augmenter ou non la durée en fonction de comment vous vous sentez. Il convient de toujours rester vigilant aux signes que vous envoie votre corps, notamment les sensations de vertige ou de palpitations. Souvenez-vous : une pratique trop intense trop tôt ne vous aidera pas à récupérer et pourrait même avoir l'effet inverse.

Concernant la relaxation, on pourrait penser qu'il est recommandé à tous de s'y mettre car elle ne va pas solliciter les circuits de récupération de l'organisme, mais il est en fait préférable de la réserver aux personnes qui la pratiquent déjà. En effet, la tension est un mécanisme mis en place par le corps pour tenir, comme un tuteur. Si on le retire d'un coup à la personne, cela peut lui causer des vertiges. Les pratiques qui mêlent la relaxation à d'autres choses (comme la respiration ou la visualisation) sont à privilégier à la relaxation musculaire pure. La sophrologie, le yoga, la réflexologie ou le shiatsu en sont quelques-unes.

B. Suivi psychologique

Dans les chapitres précédents, nous avons parlé à plusieurs reprises du fait qu'un suivi médical pouvait s'avérer important voir obligatoire selon votre état. Il en est un un peu particulier que je souhaite aborder à présent : le suivi psychologique.

Il en existe de nombreux types, dispensés par des professionnels différents : du psychiatre au coach de vie. Certaines personnes proposent un accompagnement qui porte sur des aspects précis du quotidien (relation avec le conjoint, les enfants...), d'autres cherchent à travailler avec vous sur les possibles causes existentielles pathologiques sous-jacentes à votre burn-out.

En effet, quand on tombe en burn-out sévère, la fatigue n'est parfois que le haut de l'iceberg. Il peut y avoir une série de traumatismes profonds qui vous ont menés jusque-là et qui modèlent votre façon de voir le monde à votre insu. Toutefois, entamer des démarches pour les rechercher et les comprendre si la phase aigüe du burn-out n'a pas encore été surmontée n'est pas forcément le plus judicieux. En effet, une démarche psychologique demande de l'énergie pour porter ses fruits et celle-ci vous fait défaut si vous n'avez pas pu remédier suffisamment à votre état d'épuisement.

Si vous souhaitez vous faire suivre mais que vous estimez ne pas avoir les ressources pour attaquer ce travail, je vous suggère de vous diriger plutôt vers des accompagnements de type « coaching » susceptibles de vous aider sur les problématiques de gestion du quotidien, mais où vous ne cherchez pas les causes profondes de votre état. Lorsque vous vous en sentirez capables, vous pourrez entamer les démarches pour trouver un psychologue qui vous corresponde et puisse vous aider dans votre introspection.

C. Groupes de parole

Comprendre que vous n'êtes pas seul à affronter un burn-out parental est l'un des aspects les plus importants pour vous en sortir. On parle alors de « normaliser son vécu » : savoir que oui, d'autres gens souffrent et vivent des expériences similaires aux vôtres au quotidien.

Les groupes de parole sont l'un des meilleurs lieux pour cela. Qu'ils soient physiques et organisés en ville par des associations ou dématérialisés sous la forme de forums sur internet, ces espaces de discussion permettent à chacun de librement témoigner de son vécu. Pour se sentir en sécurité, il est important d'en trouver qui soient modérés et prônent des règles d'écoute bienveillante et de respect de la confidentialité des propos tenus.

À titre personnel, les groupes de parole m'ont beaucoup aidée. Pouvoir partager ce que j'avais sur le cœur en sachant que je serais comprise et jamais jugée était un véritable soulagement, tout comme le fait de voir que chez les autres aussi, on était loin des modèles de perfection mis en avant dans les publicités et les réseaux sociaux. Ces cercles offrent l'avantage de pouvoir verbaliser ce qui nous pèse, prendre du recul sur notre situation, mais aussi tisser du lien humain. C'est d'autant plus important que le burn-out peut nous donner le sentiment d'être coupés de toute vie sociale.

D. Gestion de l'entourage

Quand on est en burn-out, il peut arriver que nos proches, que l'on s'attend logiquement à être nos premiers soutiens, nous donnent l'impression de nous tirer vers le bas plutôt que de nous élever. Une remarque qui sonne comme un jugement, une sollicitation malvenue, ou même un « moi aussi je suis fatigué » assorti d'un haussement d'épaules après que l'on ait tenté de partager ses ressentis peuvent avoir des effets dévastateurs sur le moral.

La vérité, c'est que même si la personne parle de son mal-être, l'entourage a souvent du mal à prendre la pleine mesure de celui-ci. Il s'imagine que la situation n'est pas si grave, à la fois parce qu'il voit que la personne tient, mais aussi parce qu'inconsciemment, il sait que s'il devait admettre qu'elle est sur le point de s'écrouler, il serait obligé de revoir son organisation et que cela lui serait inconfortable voire douloureux.

Il est toutefois primordial que vos proches comprennent qu'ils doivent diminuer le seuil d'exigence qu'ils vous imposent et acceptent de procéder aux ajustements nécessaires à votre rétablissement. Si certains entendent bien qu'il ne faut désormais plus compter sur vous pour assumer l'ensemble de la charge mentale du foyer ou de l'entreprise, d'autres ont plus de mal. Pour leur faire accepter la situation, un diagnostic d'épuisement posé par un professionnel peut être utile. Évidemment, vous ne devriez jamais avoir à « prouver » à votre famille que vous allez mal avec la validation d'un tiers extérieur : votre parole devrait suffire. Mais mettre en avant vos symptômes et pouvoir parler factuellement des résultats de vos analyses peut aider à la prise de conscience des esprits les plus récalcitrants.

Sachez aussi faire entendre que si vous avez été placé en arrêt de travail par votre médecin, vous n'êtes pas pour autant disponible pour faire toutes les courses seul dans la semaine, rattraper les travaux en suspens dans l'appartement et récurer intégralement la cuisine. C'est un écueil malheureusement assez commun dans lequel de nombreuses personnes tombent : comme elles sont à la maison, l'entourage les croit plus disponibles et en profite pour les solliciter. Ce temps est pour votre convalescence, pas pour leur confort !

Même sans que vos proches s'en mêlent, vous pouvez aussi vous piéger vous-même et vous retrouver à garder un rythme d'activité important pendant cette période si vous n'y prenez pas garde. Ce n'est pas parce que vous n'avez plus d'obligations professionnelles que vous devez reprendre sur vos épaules la charge des nombreux « il faut » que vous aviez identifié dans votre planning. Ceux-là mêmes qui vous volent de l'énergie, peuvent être accomplis par d'autres et ne vous apportent aucune joie.

Votre médecin ne peut vous arrêter que professionnellement, mais si les arrêts de travail domestique existaient, vous en auriez écopé.

L'entourage doit alléger votre charge, non l'alourdir. Et cela vaut aussi pour les personnes de vos cercles plus éloignés, à qui vous ne parlez qu'au téléphone ou sur internet. De la même manière que vous avez fait du tri dans votre agenda, faites le ménage dans vos relations.

Si vous avez des interactions régulières avec des personnes qui vous volent de l'énergie, il convient de prendre une distance salutaire. Une bonne copine vous appelle des heures durant, mais depuis quelques semaines c'est uniquement lorsqu'elle a besoin de se lamenter sur sa situation et cela vous épuise ? Signalez-lui gentiment par message que vous n'allez plus être disponible pendant un certain temps. Inutile de vous justifier si vous n'en avez pas l'envie, et cela ne veut pas dire que vous coupez les ponts de manière définitive. Vous avez le droit de l'apprécier mais de ne pas pouvoir endosser le rôle qu'elle attend de vous en ce moment. Vous pourrez tout à fait lui expliquer ce que vous avez traversé lorsque vous aurez suffisamment récupéré pour renouer contact.

Si vous passez beaucoup de temps sur internet, posez-vous aussi la question de savoir si cela vous apporte plus de bien que de stress. Les fils d'actualité des réseaux sociaux, qui alternent les clichés de familles idylliques et les nouvelles anxiogènes, offrent rarement un bilan positif à cet égard et nous volent pourtant un temps conséquent. Je vous recommande de prendre le temps d'observer vos pratiques numériques et de les analyser :

quels sites ou plateformes consultez-vous ? Quels bénéfices en retirez-vous ? Si vous réalisez que vos actions sont plus dues à des automatismes qu'à de réels besoins, il est temps de mettre le holà. Il ne vous est pas nécessaire de consulter votre *feed* Instagram six fois par jour ou de lire l'intégralité des discussions de vos groupes Whatsapp. Allez à l'essentiel et détoxifiez-vous sans crainte : si une information importante doit vous parvenir, on saura vous la communiquer directement. Et pendant ce temps, vous vous préservez de la pollution numérique.

E. Retrouver du bonheur en famille

Lorsqu'on est en burn-out et que rien que s'imaginer passer du temps en famille nous cause une forte appréhension, il n'est pas évident d'imaginer que la joie peut revenir dans notre quotidien. Pourtant, en observant les choses de manière rationnelle, on voit bien que rien n'est impossible.

Qu'est-ce que le bonheur en famille ? Nous avons tous notre propre définition. Pour le propos de ce livre, et plus spécifiquement de ce chapitre, partons du principe qu'il revêt trois composantes :

- une relation positive avec le conjoint
- une relation positive avec ses enfants
- une répartition équitable des tâches du foyer, afin que personne ne souffre d'une trop grande charge de travail domestique.

Pour ce qui est du troisième point, vous avez normalement déjà de quoi l'assurer avec l'application des grands principes. Voyons les deux autres.

1. La relation avec le conjoint

Avant toute chose, il convient de statuer que votre conjoint n'est pas juste votre partenaire romantique. C'est aussi votre coparent dans l'éducation des enfants, quelqu'un avec qui vous construisez des projets d'avenir et un membre du foyer. Pour que la relation soit satisfaisante, vous devez être alignés le plus possible dans vos objectifs sur chacun de ces rôles.

Ainsi, en tant que coparent, il est important que vous et votre conjoint ayez régulièrement des discussions (de manière calme et posée, pas en étant énervé suite à un désaccord) au sujet de l'éducation des enfants afin de garder le même cap. À mesure qu'ils grandissent, comment devraient évoluer les règles de la maison ? Qu'est-ce qui est OK ou pas OK comme comportements de leur part ? S'il y a des conflits à l'école, quels conseils est-il pertinent de leur donner ? Vos visions doivent être accordées afin qu'un cadre cohérent soit posé et que vous puissiez vous soutenir mutuellement dans vos décisions face à eux. « Maman a dit non pour ça ? Elle a raison. » « Papa a énoncé une règle à table l'autre jour, ce n'est pas parce qu'il est absent ce soir qu'on ne doit plus l'appliquer. »

Être alignés dans votre exercice de la parentalité facilitera le quotidien et apaisera votre relation. Cela vous permettra aussi de redorer votre estime de vous-même en tant que parent. Être valorisé et soutenu par son partenaire permet de se sentir un meilleur père/une meilleure mère. L'inverse est aussi vrai : avoir un conjoint qui dénigre vos choix ou sape votre autorité contribue à vous tirer vers le bas.

Pour ces raisons, j'estime qu'il est prioritaire de travailler sur l'aspect « coparent » de la relation pour sortir du burn-out. Cela dit, l'aspect « membre du foyer » est tout aussi important car, nous l'avons vu, vous devez en faire moins et ne pas être stressé de voir que les choses se dégradent dans votre logement parce que personne ne contribue aux tâches indispensables.

À partir du moment où votre conjoint sera un coparent fiable et un membre du foyer qui assume sa part, les possibles sentiments de rancœur que vous pouviez nourrir à son égard devraient disparaître et vous permettre d'améliorer votre relation en tant que partenaire romantique.

En effet, beaucoup de parents en burn-out font (inconsciemment ou non) passer leur relation de couple au second plan, car avec toutes les urgences à gérer et l'épuisement, ils n'ont plus la tête à rechercher une proximité romantique. Et pour certains, il y a même une forme de répugnance à cette idée, car ils cristallisent beaucoup de rancœur envers leur conjoint (qui travaille trop tard et les laisse gérer les enfants chaque soir, n'assume pas assez de tâches domestiques, ou ne les soutient pas dans leurs décisions face aux enfants). Toutefois, une fois que les choses commencent à aller mieux, chercher à retrouver la complicité perdue peut permettre de ramener de la joie dans le quotidien. Souvenez-vous des bons moments que vous passiez avant avec votre partenaire et de ce que vous aimiez chez lui. Les discussions stimulantes, les loisirs en commun, les éclats de rire. .. quand vous ne serez plus en « mode survie », vous pourrez envisager de vous octroyer du temps à deux pour essayer de retrouver tout cela. Et échanger aussi sur votre vision de l'avenir.

Il me semble important d'ajouter quelques mots sur la partie sexuelle de la relation. En burn-out, les individus (et surtout les femmes) ont tendance à avoir une forte baisse de la libido. Beaucoup de couples trouvent dans les rapports sexuels un facteur de proximité et de tendresse, mais si vous n'en avez pas envie, vous n'avez aucune obligation de vous forcer. Que vous soyez un homme ou une femme, que vous soyez marié ou non, votre corps vous appartient. Vous seul avez le dernier mot sur ce que vous en faites.

2. La relation avec ses enfants

Cris, refus de coopérer, sollicitations intempestives ou bêtises qui les mettent en danger : les enfants ont tout un panel de comportements qui peuvent nous mettre à cran.

De nombreux livres spécialisés existent sur les manières d'éduquer ses enfants en fonction de leur âge ou de leurs particularités. L'objectif de ce chapitre n'est pas de les réécrire : je veux ici vous livrer quelques astuces pratiques pour vous permettre de mieux vivre la relation avec vos enfants.

Vous souvenez-vous que nous pouvons entraîner notre cerveau à détecter plus souvent les évènements positifs ? Lui demander de nous aider à pointer les choses qui vont dans nos interactions avec nos enfants, puis les verbaliser, permet à la fois de reconnaître l'existence de moments calmes et joyeux, mais aussi d'apaiser la relation du point de vue de l'enfant.

En effet, même s'ils ne le montrent pas, les enfants peuvent eux aussi ressentir de la tension et de l'appréhension si les interactions conflictuelles sont devenues la norme. S'entendre dire qu'ils ont bien fait les choses, se voir complimentés quand ils ont réussi à se souvenir des règles du foyer et à les suivre, ou fait preuve de coopération sera d'autant plus appréciable pour eux qu'ils verront que vous êtes fier d'eux et reconnaissant pour leurs efforts.

« Tu as envie de m'aider à la cuisine ? Merci, ça me fait très plaisir que tu aies envie de participer ! » « Tu es bien resté près de moi dans la rue, même si tu avais envie de courir pour traverser le trottoir. Tu as bien retenu qu'il ne fallait pas t'éloigner à cause de toutes les voitures qui roulent vite, je suis fière de toi. »

C'est aussi un renforcement positif : une forme d'encouragement à continuer dans le bon sens. Je vous recommande donc à la fois de prêter attention aux moments joyeux et de verbaliser votre ressenti sur le coup.

En plus de cela, il peut être utile de prendre le temps de noter certains évènements afin de constituer un « journal des moments positifs » à relire en cas de coup de mou. Il n'est en effet pas rare en situation de burn-out d'avoir des moments où tout nous semble aller de travers, qui biaisent notre perception du passé en occultant tout ce qu'il contient de joyeux. Complété quotidiennement avec une ou deux anecdotes, voire des photos, il vous permettra de garder la trace des interactions positives du quotidien et de retrouver votre objectivité. Plus tard, quand vous serez totalement sorti du burn-out, il sera aussi un livre-souvenir pour vous rappeler vos moments de bonheur. Je vous suggère de choisir un beau support pour cela, que vous serez heureux de pouvoir feuilleter.

Pour conclure ce chapitre, il me semble important de rappeler aussi que nous ne devons pas trop en attendre de nos enfants. Le quotidien est peut-être éloigné de vos aspirations idéales, mais les changements doivent être progressifs et ceux que l'on attend d'eux aussi. Ainsi, si vous souhaitez mettre en place un nouveau cadre à la maison, il convient que les règles associées et leur nombre soient adaptés à l'âge de l'enfant. Commencez par instaurer une à deux nouvelles règles et une fois celles-ci bien assimilées, rajoutez-en de nouvelles pour tendre petit à petit vers le cadre final que vous visez. En cas de manquements, les rappels à l'ordre et les punitions doivent être gradués et adaptés : on ne sanctionne pas de la même manière le fait d'avoir mis son linge sale à côté du panier et celui d'avoir violenté son petit frère. L'enfant doit comprendre qu'il y a des choses graves et avec lesquelles on ne transige jamais et des affaires de savoir-vivre pour lesquelles une erreur est agaçante mais pas dramatique. L'assimilation du nouveau cadre se fera plus sainement si les réactions des parents sont adaptées lorsque l'enfant le transgresse.

F. Réaménager son intérieur

Vous connaissez probablement la devise « un esprit sain dans un corps sain ». On peut aussi la décliner avec notre foyer : « une personne sereine dans un environnement apaisant ».

Chaque individu est plus ou moins sensible à l'état de son lieu de vie. Certaines personnes semblent capables de s'accommoder même du plus grand des capharnaüms, alors que d'autres se crispent inconsciemment dès qu'ils mettent les pieds dans une pièce surchargée. Ce ressenti est accentué par le burn-out. Comment se sentir bien pour gérer les interactions avec ses enfants, si de base on évolue dans un environnement qui nous stresse ?

Sans aller jusqu'à vouloir vivre dans une brochure de magazine, il convient de s'assurer que votre maison soit un lieu apaisant dans lequel vous puissiez vous ressourcer. Pour cela, pas besoin de vous transformer en maniaque du ménage et du rangement : il suffit de trouver la juste dose qui vous convienne.

Si votre lieu de vie le permet, je vous conseille d'avoir votre propre espace dédié. Une pièce fermée ou juste un coin qui vous soit réservé et que vous pouvez librement décorer selon vos goûts. Ainsi, vous aurez toujours un endroit où vous ressourcer. Concernant le reste de la maison, il est important qu'il ne tombe pas sous le seuil d'ordre et de propreté minimum dont vous avez besoin. Si vous êtes plus sensible au bazar que le reste de votre foyer, cela ne veut pas dire pour autant que toute la charge d'entretien doit vous incomber (cf. les chapitres précédents sur la répartition des tâches).

Si la maintenance s'avère trop difficile ou que vous constatez que les membres de la maisonnée laissent souvent leurs affaires traîner, une réorganisation pourrait être judicieuse. Trop d'objets traînent et les placards débordent ? Ne serait-il pas nécessaire de faire du tri ?

Est-ce que les lieux de rangement des objets du quotidien sont facilement accessibles pour tous et les rangements eux-mêmes pratiques à employer ? S'ils sont trop éparpillés dans la maison (à des étages différents par exemple), pourquoi ne pas mettre en place une petite panière par personne dans laquelle chacun pourrait temporairement mettre ses affaires afin de ne pas gêner dans la pièce de vie principale et les emporter ensuite pour les ranger aux endroits appropriés quand il la quittera ?

Est-ce que les temps de ménage de chacun ne pourraient pas être regroupés tous au même moment afin que le travail soit effectué en famille et dans la bonne humeur (avec un peu de musique par exemple) ?

Quelles que soient les solutions que vous trouverez, l'essentiel est qu'au final, votre lieu de vie devienne un endroit dans lequel vous vous sentez bien. Si pour cela vous avez besoin de refaire la décoration, d'acheter des rangements plus adaptés à votre quotidien ou de faire du vide dans vos placards, n'hésitez pas : le gain en bien-être que cela vous apportera vaudra largement ces aménagements.

4. Prévenir les rechutes

Sortir du burn-out est un voyage long et difficile, car il implique de profonds changements dans la façon de vivre de ceux qui en sont victimes.

On compte en moyenne 3 à 6 mois pour se remettre d'un burn-out modéré et beaucoup plus (à l'échelle d'une voire deux années) pour un burn-out sévère. Ce dernier équivaut en effet à une crise existentielle : il oblige l'individu, s'il veut guérir, à partir à la recherche de ses véritables aspirations et à apprendre à écouter ses besoins.

Pour cette raison, certains parlent du burn-out comme d'une catastrophe salutaire. Les risques de rechute sont toutefois présents et d'autant plus élevés que le burn-out est sévère. En effet, si la dégradation de l'état de santé de la personne était trop importante, elle peut lui laisser une sorte de fragilité sous la forme d'une fatigue physique/mentale/émotionnelle qui apparaît dès qu'elle fournit des efforts qu'elle pourrait, pourtant, juger peu intenses. Cette fragilité peut perdurer sur le long terme et entraîner des rechutes. Mais paradoxalement, elle constitue aussi une forme de protection car elle interdit tout excès à l'individu. S'il écoute les signaux que lui envoie son corps, il comprend qu'il est en train de repousser ses limites et il lui sera impossible de retomber dans les mêmes travers que par le passé.

Sur le long terme, les rechutes n'ont donc lieu que si la douloureuse leçon de vie portée par le burn-out n'a pas été apprise. Si le trouble a été correctement traité et que la victime a bien retenu qu'elle ne devait plus s'oublier et veiller à se ménager, elle n'en gardera pas forcément de séquelles négatives.

À court terme - pendant la phase de récupération -, les rechutes sont plus susceptibles d'arriver car l'individu n'est pas encore totalement remis et un surcroît de stress pourra plus facilement dépasser les capacités d'adaptation de son organisme. Il convient donc de limiter au maximum les facteurs de stress jusqu'à ce qu'il aille significativement mieux et de ne surtout pas chercher à reprendre le quotidien dans les mêmes conditions qu'avant. Ce serait la rechute assurée.

On peut affirmer que les éléments suivants garantissent une récidive du burn-out :

• la reprise trop précoce d'une trop grande charge de travail

• l'absence de remise en cause de ses ambitions (perfectionnisme, nombre de choses que la personne souhaite accomplir à court terme...)

• ne pas écouter ses besoins

• ne pas écouter son corps et ignorer les signes de surmenage

• ne pas poser de limites et se laisser déborder par des engagements

L'entourage doit bien comprendre que les mesures instaurées pour aider la personne à récupérer n'ont pas vocation à n'être que des ajustements temporaires pour lui permettre d'aller mieux avant de reprendre « comme avant ». Elles constituent la première étape d'une réorganisation. Les dysfonctionnements dans l'organisation familiale passée doivent être reconnus pour y apporter des solutions viables à long terme. Cela passe par de profonds changements dans la façon de vivre de la famille et dans la manière dont le parent envisage le déroulement de sa vie.

En somme, il convient d'appréhender la situation comme le caractère mandarin 机 : transformer la crise en opportunité.

Conclusion

« La meilleure façon de rayer le passé est d'enluminer l'avenir. »
Antonine Maillet

Ça y est, vous l'avez fait. Vous avez achevé la lecture de ce livre et vous avez obtenu vos premières armes pour lutter contre le burn-out parental. Félicitations !

Le combat n'est pas encore gagné : c'est à vous qu'il appartient à présent de le mener. Vous êtes désormais mieux équipé pour y faire face, à la fois en termes de pistes d'action et de connaissances.

Souvenez-vous toujours que la situation dans laquelle vous vous trouvez n'est pas de votre faute : elle résulte d'un contexte et de nombreux autres parents vivent la même chose que vous. Vous n'êtes pas le problème, mais vous pouvez être une partie de la solution.

Même si vous ne pouvez pas individuellement faire évoluer la société, vous pouvez agir à votre échelle pour remédier à votre situation. Le chemin sera peut-être long et il sera certainement difficile. Mais cela en vaut la peine.

Pour vous, pour vos enfants et pour tout ce à quoi vous tenez. Vous pouvez y arriver !

Si vous ressentez le besoin de parler, que vous avez envie de témoigner de votre expérience ou si vous vous posez des questions suite à la lecture de ce livre, vous pouvez me contacter par e-mail à l'adresse : coraline.marchiani@gmail.com. Je vous lirai et vous répondrai avec plaisir.

Par ailleurs, si cet ouvrage vous a plu, n'hésitez pas à le recommander aux personnes autour de vous qui pourraient en avoir besoin. Permettre à un parent de comprendre de quoi il souffre, c'est le premier pas vers la guérison.

N'hésitez pas non plus à donner votre avis à propos du livre sur Amazon, même de manière succincte. Vos retours sont précieux, à la fois pour moi en tant qu'autrice, mais aussi pour les parents en quête d'un ouvrage capable de les aider dans leur combat contre le burn-out.

Pour cela, il vous suffit de flasher ce QR code, qui vous mène directement à l'espace commentaire du livre sur Amazon :

Merci pour votre confiance et n'oubliez pas : vous n'êtes pas seul !

REMERCIEMENTS

À mes trois relecteurs, Fabien, Beladone et Lyriæ, qui ont accepté de relire ce livre et de me faire part de leurs remarques constructives pour l'améliorer.
À Rosalia, amie et première lectrice de cet ouvrage dont les retours m'ont fait chaud au cœur.

Je tenais aussi à remercier les personnes qui m'ont soutenue et aidée pendant le mien, chacune à leur manière : mon compagnon, ma mère, mes amies Alice, Carole et Caroline.

Enfin, encore merci à vous qui avez acheté ce livre, pour votre intérêt et votre confiance.

Made in the USA
Monee, IL
19 October 2026

66039203R00059